Direito
Administrativo

O GEN | Grupo Editorial Nacional – maior plataforma editorial brasileira no segmento científico, técnico e profissional – publica conteúdos nas áreas de concursos, ciências jurídicas, humanas, exatas, da saúde e sociais aplicadas, além de prover serviços direcionados à educação continuada.

As editoras que integram o GEN, das mais respeitadas no mercado editorial, construíram catálogos inigualáveis, com obras decisivas para a formação acadêmica e o aperfeiçoamento de várias gerações de profissionais e estudantes, tendo se tornado sinônimo de qualidade e seriedade.

A missão do GEN e dos núcleos de conteúdo que o compõem é prover a melhor informação científica e distribuí-la de maneira flexível e conveniente, a preços justos, gerando benefícios e servindo a autores, docentes, livreiros, funcionários, colaboradores e acionistas.

Nosso comportamento ético incondicional e nossa responsabilidade social e ambiental são reforçados pela natureza educacional de nossa atividade e dão sustentabilidade ao crescimento contínuo e à rentabilidade do grupo.

Erick Alves **Pessoa**

COORDENAÇÃO
Renee do Ó **Souza**

Direito Administrativo

2ª EDIÇÃO REVISTA, ATUALIZADA E REFORMULADA

- O autor deste livro e a editora empenharam seus melhores esforços para assegurar que as informações e os procedimentos apresentados no texto estejam em acordo com os padrões aceitos à época da publicação, e todos os dados foram atualizados pelo autor até a data de fechamento do livro. Entretanto, tendo em conta a evolução das ciências, as atualizações legislativas, as mudanças regulamentares governamentais e o constante fluxo de novas informações sobre os temas que constam do livro, recomendamos enfaticamente que os leitores consultem sempre outras fontes fidedignas, de modo a se certificarem de que as informações contidas no texto estão corretas e de que não houve alterações nas recomendações ou na legislação regulamentadora.

- Fechamento desta edição: *02.05.2022*

- O autor e a editora se empenharam para citar adequadamente e dar o devido crédito a todos os detentores de direitos autorais de qualquer material utilizado neste livro, dispondo-se a possíveis acertos posteriores caso, inadvertida e involuntariamente, a identificação de algum deles tenha sido omitida.

- **Atendimento ao cliente: (11) 5080-0751 | faleconosco@grupogen.com.br**

- Direitos exclusivos para a língua portuguesa
  Copyright © 2022 by
  Editora Forense Ltda.
  Uma editora integrante do GEN | Grupo Editorial Nacional
  Travessa do Ouvidor, 11 – Térreo e 6º andar
  Rio de Janeiro – RJ – 20040-040
  www.grupogen.com.br

- Reservados todos os direitos. É proibida a duplicação ou reprodução deste volume, no todo ou em parte, em quaisquer formas ou por quaisquer meios (eletrônico, mecânico, gravação, fotocópia, distribuição pela Internet ou outros), sem permissão, por escrito, da Editora Forense Ltda.

- Esta obra passou a ser publicada pela Editora Método | Grupo GEN a partir da 2ª edição.

- Esta obra, anteriormente designada "Resumo de Direito Administrativo", passou a ser intitulada "Direito Administrativo" a partir da 2ª edição.

- Capa: Bruno Sales Zorzetto

- **CIP – BRASIL. CATALOGAÇÃO NA PUBLICAÇÃO.
  SINDICATO NACIONAL DOS EDITORES DE LIVROS, RJ.**

P567d
2. ed.

Pessoa, Erick Alves
  Direito administrativo / Erick Alves Pessoa; coordenação Renee do Ó Souza. – 2. ed., rev., atual. e reform. – Rio de Janeiro: Método, 2022.
  264 p.; 21 cm. (Método essencial)

Inclui bibliografia
ISBN 978-65-5964-479-7

1. Direito administrativo. 2. Serviço público – Brasil – Concursos. I. Souza, Renee do Ó. II. Título. III. Série.

22-77311   CDU: 342.9(81)

Meri Gleice Rodrigues de Souza – Bibliotecária – CRB-7/6439

Apresentação

A presente obra tem como principal objetivo a difícil missão de permitir o democrático acesso ao conhecimento dos institutos jurídicos que permeiam a disciplina do Direito Administrativo. Atualmente, os manuais das diversas disciplinas das Ciências Jurídicas têm se mostrado bastante volumosos e com conhecimento aprofundado, o que os torna mais rigorosos quanto ao dispêndio de tempo para a leitura.

Ao recebermos o convite do coordenador da coleção, o aguçado autor Renee do Ó Souza, ficamos encantados com sua proposta: escrever um livro enxuto e que, ao mesmo tempo, permitisse o primeiro contato do estudante com a disciplina, bem como pudesse ser utilizado por aqueles que se preparam para exames e concursos públicos. Nada de nota de rodapé ou longas citações que pudessem interromper a fluência da leitura. Tudo direto ao ponto.

Neste trabalho, buscamos dividir um pouco daquilo que apreendemos da leitura dos principais manuais de Direito Administrativo e que apresentamos em sala de aula, ou mesmo no exercício de nossa atividade profissional, indo direto ao ponto.

O livro está dividido no que tradicionalmente é abordado nas obras dos principais publicistas do país, razão pela qual também é ferramenta para revisão dos que possuem intimidade com a matéria. Além disso, buscamos dar uma atenção especial ao estudo da Lei nº 8.112/1990, a fim de contribuir com a carência do tema nos principais manuais e na necessidade de conhecimento do regime jurídico dos servidores públicos civis da União, das autarquias e das fundações públicas federais pelos que prestam concurso público. Ao final de diversos capítulos, ainda traremos os enunciados sumulados pelos tribunais superiores sobre a disciplina estudada.

    Humildemente, seguindo o norte da proposta oferecida nesta coleção e explicada nas anteriores linhas, desejamos uma boa leitura.

Sumário

Capítulo 1
Noções preliminares de Direito Administrativo.............. 1

- 1.1 Conceito de Direito Administrativo 1
  - 1.1.1 Relações com outros ramos do Direito 1
  - 1.1.2 Fontes do Direito Administrativo................................. 2
  - 1.1.3 Formação do Direito Administrativo............................ 2
  - 1.1.4 Sistemas administrativos 2
- 1.2 Conceito de Estado 3
  - 1.2.1 Formas de Estado 3
  - 1.2.2 Poderes e funções do Estado 3
- 1.3 Governo 4
- 1.4 Administração Pública 4

Capítulo 2
Princípios fundamentais da Administração Pública....... 7

- 2.1 Conceito de princípios... 7
- 2.2 Princípios 8
  - 2.2.1 Princípio da supremacia do interesse público............. 8
  - 2.2.2 Princípio da indisponibilidade do interesse público 9
  - 2.2.3 Princípio da continuidade.. 9
  - 2.2.4 Princípio da autotutela.. 10
  - 2.2.5 Princípio da especialidade.. 11
  - 2.2.6 Princípio da presunção de legitimidade 11
  - 2.2.7 Princípio da isonomia 12
  - 2.2.8 Princípio da segurança jurídica...................................... 12
  - 2.2.9 Princípio do contraditório e ampla defesa.................. 13
  - 2.2.10 Princípio da razoabilidade ou da proibição de excessos.... 13
  - 2.2.11 Princípio da proporcionalidade 14
  - 2.2.12 Princípio da hierarquia 14
  - 2.2.13 LIMPE – legalidade, impessoalidade, moralidade, publicidade e eficiência 14

2.2.13.1 Princípio da legalidade.. 15
2.2.13.2 Princípio da impessoalidade...................................... 15
2.2.13.3 Princípio da moralidade... 16
2.2.13.4 Princípio da publicidade.. 16
2.2.13.5 Princípio da eficiência.. 17
2.3 Jurisprudência dos tribunais superiores acerca do tema estudado 17

Capítulo 3

Organização Administrativa da União – Administração Direta e Indireta, órgãos, setores da economia, entes de cooperação 19

3.1 Organização da Administração 19
3.2 Centralização x desconcentração x descentralização........ 20
   3.2.1 Centralização... 20
   3.2.2 Desconcentração... 20
   3.2.3 Descentralização 20
3.3 Descentralização política e descentralização administrativa... 21
   3.3.1 Descentralização política... 21
   3.3.2 Descentralização administrativa................................ 21
3.4 Administração Direta 22
3.5 Teoria dos órgãos públicos... 22
   3.5.1 Teoria do mandato 22
   3.5.2 Teoria da representação.. 23
   3.5.3 Teoria do órgão 23
3.6 Órgãos públicos.. 23
   3.6.1 Conceito.. 23
   3.6.2 Principais características.. 24
   3.6.3 Classificação 25
3.7 Administração Indireta.. 26
   3.7.1 Características gerais da Administração Indireta 27
   3.7.2 Autarquias 27
      3.7.2.1 Regime jurídico.. 28
      3.7.2.2 Autarquia de regime especial – agências reguladoras... 29
   3.7.3 Fundações públicas.. 30
      3.7.3.1 Regime jurídico.. 31
   3.7.4 Empresas públicas e sociedade de economia mista 33
      3.7.4.1 Regime jurídico.. 33

3.7.4.2 Principais semelhanças entre as empresas públicas e as sociedades de economia mista.............. 36
3.7.4.3 Principais diferenças entre a sociedade de economia mista e as empresas públicas 36
3.8 Setores da economia 37
3.9 Entes de cooperação 37
   3.9.1 Serviços sociais autônomos 37
   3.9.2 Entidades de apoio 38
   3.9.3 Organizações sociais – OS 38
   3.9.4 Organizações da Sociedade Civil de Interesse Público – OSCIP 40
3.10 Jurisprudência dos tribunais superiores acerca do tema estudado 40

Capítulo 4
Poderes da Administração Pública – agentes 43

4.1 Poderes e deveres da Administração Pública e dos administradores 43
4.2 Formação do poder administrativo 44
   4.2.1 Deveres do administrador 45
4.3 Poderes da Administração e do administrador 45
   4.3.1 Poder vinculado 45
   4.3.2 Poder discricionário 46
   4.3.3 Poder regulamentar 46
   4.3.4 Poder hierárquico 48
   4.3.5 Poder disciplinar 48
   4.3.6 Poder de polícia 49
      4.3.6.1 Noção de poder de polícia 49
      4.3.6.2 Conceito 49
      4.3.6.3 Formas de expressão do poder de polícia 50
   4.3.7 Polícia administrativa e polícia judiciária 50
      4.3.7.1 Poder de polícia originário e delegado 51
      4.3.7.2 Sanções do poder de polícia 51
      4.3.7.3 Atributos do poder de polícia 51
      4.3.7.4 Limites do poder de polícia 52
4.4 Uso e abuso de poder 53
   4.4.1 Excesso de poder 53
   4.4.2 Desvio de poder 53
4.5 Agentes públicos 54
   4.5.1 Classificação dos agentes públicos 54

Capítulo 5
Atos administrativos 55

- 5.1 Conhecendo o ato administrativo 55
- 5.2 Elementos do ato administrativo 56
  - 5.2.1 Delegação e avocação 57
  - 5.2.2 Mérito do ato administrativo 58
- 5.3 Atributos do ato administrativo 58
- 5.4 Classificação dos atos administrativos 60
  - 5.4.1 Alguns atos administrativos 62
- 5.5 Nulidade, revogação e convalidação 63

Capítulo 6
Controle da Administração Pública 65

- 6.1 Noções introdutórias de controle 65
- 6.2 Conceito 65
- 6.3 Classificação 65
  - 6.3.1 Quanto à origem 66
  - 6.3.2 Quanto ao momento em que se efetua 66
  - 6.3.3 Quanto ao aspecto controlado ou à natureza do controle 67
  - 6.3.4 Quanto à amplitude 67
- 6.4 Controle exercido pela Administração sobre seus próprios atos 67
  - 6.4.1 Direito de petição 68
  - 6.4.2 Processo administrativo 69
  - 6.4.3 Princípios do processo administrativo 69
- 6.5 Controle legislativo 70
  - 6.5.1 O Poder Legislativo e o Tribunal de Contas 72
  - 6.5.2 Tribunais de Contas 73
- 6.6 Controle judiciário 74
  - 6.6.1 Remédios constitucionais 75

Capítulo 7
Responsabilidade civil da Administração Pública 77

- 7.1 Responsabilidade civil 77
  - 7.1.1 Evolução 77
    - 7.1.1.1 Fase de irresponsabilidade do Estado 77

7.1.2 Espécies de teorias da responsabilidade civil do Estado............ 78
   7.1.2.1 Teoria da culpa administrativa................ 78
   7.1.2.2 Teoria do risco administrativo................ 78
   7.1.2.3 Teoria do risco integral............ 78
7.1.3 Responsabilidade objetiva............ 79
7.1.4 Responsabilidade subjetiva da Administração............ 80
7.1.5 Força maior e caso fortuito............ 80
7.2 Atos legislativos............ 81
7.3 Atos jurisdicionais............ 81
7.4 Responsabilidade civil da Administração por dano ambiental............ 82
7.5 Ação regressiva do Estado contra o agente............ 82
7.6 Responsabilidade civil, penal e administrativa............ 83
7.7 Jurisprudência dos tribunais superiores acerca do tema estudado............ 83

Capítulo 8

Serviços públicos............ 85

8.1 Conceito de serviços públicos............ 85
8.2 Princípios............ 86
8.3 Direitos e obrigações do usuário............ 88
8.4 Imposição de competência pela Constituição............ 88
8.5 Classificação............ 89
8.6 Formas de prestação do serviço público............ 90
8.7 Delegação do serviço público............ 90
8.8 Concessão de serviço público............ 91
   8.8.1 Poder concedente............ 91
   8.8.2 Direitos e obrigações do poder concedente............ 91
   8.8.3 Direitos e obrigações do concessionário............ 92
   8.8.4 Responsabilidade civil das concessionárias x Estado.. 93
   8.8.5 Direitos e obrigações do usuário............ 93
   8.8.6 Concessão x prestação de serviços............ 93
   8.8.7 Licitação............ 93
   8.8.8 Intervenção na concessão............ 95
8.9 Extinção da concessão............ 95
8.10 Subconcessão............ 96
8.11 Parcerias Público-Privadas (PPP)............ 96
8.12 Permissão............ 97
8.13 Autorização de serviço público............ 97

Capítulo 9
Processo Administrativo Federal 99

9.1 Introdução ao Processo Administrativo Federal 99
9.2 Princípios do Processo Administrativo 99
9.3 Direito dos administrados 100
9.4 Obrigações do administrado 101
9.5 Considerações do processo administrativo 101
9.6 Formalidade do processo administrativo 103
9.7 Instrução processual 104
9.8 Atos processuais finais 105
9.9 Recurso administrativo e revisão 106
9.10 Jurisprudência dos tribunais superiores acerca do tema estudado 108

Capítulo 10
Servidores públicos 111

10.1 Teoria constitucional dos servidores públicos 111
10.2 Acesso às funções, aos cargos e aos empregos públicos.. 112
    10.2.1 Brasileiros x estrangeiros 112
    10.2.2 Requisitos para acesso a cargos ou empregos públicos.... 112
10.3 Concurso público 113
    10.3.1 Testes psicotécnicos 114
    10.3.2 Princípio da isonomia 114
    10.3.3 Outras questões interessantes 115
10.4 Prazo de validade do concurso 115
    10.4.1 Prioridade sobre novos concursados 115
10.5 Pessoas com deficiência 116
10.6 Funções de confiança e cargos em comissão 117
    10.6.1 Cargo em comissão 117
    10.6.2 Função de confiança 118
10.7 Contratação temporária 119
10.8 Direito de associação sindical 120
10.9 Direito de greve no serviço público 120
10.10 Remuneração dos agentes públicos 122
10.11 Limites de remuneração 123
10.12 Limites aos vencimentos dos servidores dos Poderes Legislativo e Judiciário 124
10.13 Vedação de equiparações e vinculações 124

10.14 Acréscimos 125
10.15 Irredutibilidade de vencimentos 126
10.16 Vedação à acumulação 126
10.17 Direitos e garantias dos trabalhadores aplicáveis aos servidores públicos 127
10.18 Estabilidade 128
10.19 Estágio probatório 128
10.20 Jurisprudência dos tribunais superiores acerca do tema estudado 129

Capítulo 11

Regime jurídico do servidor público 131

11.1 Considerações iniciais 131
11.2 Servidores estatutários 132
  11.2.1 Cargos e funções 132
  11.2.2 Das formas de provimento do cargo público 134
    11.2.2.1 Nomeação 134
    11.2.2.2 Readaptação 135
    11.2.2.3 Reintegração 135
    11.2.2.4 Aproveitamento 136
    11.2.2.5 Promoção 136
    11.2.2.6 Reversão 137
    11.2.2.7 Recondução 138
  11.2.3 Posse 138
  11.2.4 Exercício 139
  11.2.5 Estágio probatório 139
11.3 Estabilidade 140
11.4 Vacância 142
11.5 Remoção 143
11.6 Redistribuição 144
11.7 Substituição 145
11.8 Direitos e vantagens dos servidores públicos civis da Administração Federal 146
  11.8.1 Vencimento e remuneração 146
  11.8.2 Vantagens 147
    11.8.2.1 Indenizações 147
      11.8.2.1.1 Ajuda de custo 147
      11.8.2.1.2 Diárias 148
      11.8.2.1.3 Indenização de transporte 148

11.8.2.1.4 Auxílio-moradia 149
11.8.3 Gratificações e adicionais 150
11.9 Férias 155
11.10 Licenças 156
11.11 Afastamentos 160
   11.11.1 Afastamento para servir a outro órgão ou entidade ... 160
   11.11.2 Afastamento para exercício de mandato eletivo 161
   11.11.3 Afastamento para estudo ou missão no exterior 161
11.12 Concessões 162
11.13 Jurisprudência dos tribunais superiores acerca do tema estudado 163

Capítulo 12

Regime disciplinar do servidor público 167

12.1 Regime disciplinar 167
   12.1.1 Deveres 167
12.2 Proibições 168
12.3 Acumulação 170
12.4 Responsabilidades do servidor 170
12.5 Penalidades 171
12.6 Prescrição 174
12.7 Responsabilidades 175
12.8 Sindicância e Processo Administrativo Disciplinar (PAD) .. 176
   12.8.1 Sindicância 176
   12.8.2 Processo Administrativo Disciplinar (PAD) 177
12.9 Inquérito administrativo 179
   12.9.1 Instrução 179
   12.9.2 Defesa 181
   12.9.3 Relatório 182
   12.9.4 Julgamento 182
   12.9.5 Rito sumário 184
   12.9.6 Revisão 186
12.10 Jurisprudência dos tribunais superiores acerca do tema estudado 186

Capítulo 13

Licitações 189

13.1 Introdução ao conhecimento de licitação 189

13.2 Ordem constitucional de licitar... 190
13.3 Dos princípios da licitação 191
13.4 Da fase preparatória.. 195
13.5 Da contratação de itens de luxo... 197
13.6 Modalidades de licitação... 197
    13.6.1 Pregão... 198
    13.6.2 Concorrência 198
    13.6.3 Concurso 198
    13.6.4 Leilão.. 199
    13.6.5 Diálogo competitivo 199
    13.6.6 Das demais modalidades de licitação previstas na Lei nº 8.666/1993 199
13.7 Publicidade da licitação 200
13.8 O edital... 201
13.9 Impugnação ao edital 202
13.10 Critérios para a forma de licitar 203
13.11 Contratação direta.. 205
13.12 Fases do processo de licitação... 207
13.13 Critérios de julgamento 208
13.14 Considerações finais.. 210

Capítulo 14

Contratos administrativos... 213

14.1 Introdução ao conhecimento de licitação 213
14.2 Das garantias.. 216
14.3 Do poder de império da Administração 217
14.4 Das formalidades contratuais... 218
14.5 Da execução dos contratos 220
14.6 Fiscal do contrato 221
14.7 Inadimplemento contratual.. 222
14.8 Das sanções administrativas e da tutela judicial.............. 224
14.9 Dos recursos administrativos 224

Capítulo 15

Bens públicos... 227

15.1 Introdução conceitual 227
15.2 Classificação dos bens públicos... 228
15.3 Regime jurídico dos bens públicos 229

15.3.1 Inalienabilidade 230
15.3.2 Impenhorabilidade 230
15.3.3 Imprescritibilidade 231
15.3.4 Não onerabilidade 231
15.4 Formas de uso do bem público 231
  15.4.1 Instrumentos de permissibilidade do uso privativo de bem público 232
15.5 Espécies de bens públicos 234
15.6 Jurisprudência dos tribunais superiores acerca do tema estudado 236

Capítulo 16

Intervenção do Estado na economia 237

16.1 Introdução conceitual 237
16.2 Formas de intervenção do Estado na propriedade 237
  16.2.1 Servidão administrativa 237
  16.2.2 Requisição administrativa 238
  16.2.3 Ocupação temporária 239
  16.2.4 Limitações administrativas 240
  16.2.5 Tombamento 241
  16.2.6 Desapropriação 242
  16.2.7 Jurisprudência dos tribunais superiores acerca do tema estudado 243

Referências 247

1

Noções preliminares de Direito Administrativo

1.1 Conceito de Direito Administrativo

O Direito Administrativo pode ser conceituado como ramo do Direito Público Interno que, por meio de diversos mecanismos, coativos e principiológicos, busca o bem geral da coletividade, tutelando, em especial, a forma como o Estado realiza sua atividade. Em outras palavras, é o meio formal que materializa aquilo que deve ser o fim precípuo do Estado.

Nos dizeres do eminente mestre Hely Lopes Meirelles (2008, p. 40), o Direito Administrativo Brasileiro sintetiza-se no conjunto harmônico de princípios jurídicos que regem os órgãos, os agentes e as atividades públicas tendentes a realizar concreta, direta e imediatamente os fins desejados pelo Estado.

1.1.1 Relações com outros ramos do Direito

O Direito Administrativo possui íntima relação com outros ramos do Direito, dentre eles com o Direito Constitucional (sendo deste considerado "Filho Dileto"), o Direito Tributário, o Direito Penal, o Direito Processual, o Direito Civil, o Direito Empresarial etc.

1.1.2 Fontes do Direito Administrativo

Ponto bastante divergente na doutrina, porém, balizamo-nos pelo que, majoritariamente, vem sendo consagrado, são fontes do Direito Administrativo: a Constituição Federal, a lei, a doutrina, a jurisprudência, os costumes, e os Princípios Gerais do Direito.

1.1.3 Formação do Direito Administrativo

A obra marcante para construção do Direito Administrativo que conhecemos foi desenvolvida por Montesquieu, *L'Esprit des Lois*, em 1748, e por esse livro se lançou a Teoria dos Poderes, a qual classifica as mais relevantes funções estatais.

Foi a Teoria dos Poderes que consolidou a ideia moderna de divisão das funções do Estado em Executiva, Legislativa e Judicial, na França, ao final de sua Revolução.

1.1.4 Sistemas administrativos

- **Sistema francês ou sistema do contencioso administrativo:** é o sistema que veda o conhecimento do Poder Judiciário das questões administrativas.
- **Sistema inglês ou sistema judiciário:** adotado pelo Brasil, é o sistema que determina que quaisquer conflitos, de interesses administrativos ou privados, possam ser apreciados pelo Judiciário. A respaldo de ordem constitucional desse sistema, uma vez que a Carta Magna garante ao cidadão

a inafastabilidade da jurisdição, ou seja, a todo indivíduo é garantido o acesso ao Judiciário, consoante orienta a regra contida no art. 5º da Constituição Federal.

1.2 Conceito de Estado

Estado é uma instituição organizada de forma política, social e jurídica, ocupando um território definido, normalmente onde a lei máxima é uma Constituição escrita e dirigida por um governo, também detentor de soberania reconhecida interna e externamente.

Observe que as palavras-chave que permeiam a definição de Estado são: povo, território e governo soberano.

1.2.1 Formas de Estado

Tem-se o conceito de Estado Federado, sendo aquele que possui nítida descentralização política, distribuindo a atividade política em diversos entes autônomos.

Noutro giro, há o Estado Unitário, que é aquele que possui centralização política em um só Poder central.

1.2.2 Poderes e funções do Estado

Na clássica tripartição de Montesquieu, que até hoje é adotada nos Estados de Direito, o poder, na verdade, deve ser visto por meio de uma concepção UNA, mas que se divide em três funções: Executiva, Legislativa e Judiciária.

As funções são ditas típicas, quando se relacionam com a razão de ser do Poder, desempenhando atividades intimamente relacionadas com sua missão.

Tem-se a função legislativa quando tratamos da possibilidade de elaboração das leis pelo Poder Legislativo. A função judiciária representa a imposição coativa da lei. Por fim, a função executiva é exercida quando o gestor público, por meio da Administração Pública, pratica os atos próprios de administrar.

Noutro giro, será atípica a função que é desenvolvida extraordinariamente por um Poder, mas que é típica de outro. É sabido que mesmo os órgãos que exercem funções típicas de Poder poderão exercer funções atípicas, próprias de outro poder. Por exemplo, o Poder Judiciário, quando edita resoluções para serem seguidas por seus membros, está exercendo função de legislar, portanto, atípica.

1.3 Governo

Governo, em sentido formal, é o conjunto de Poderes e órgãos constitucionais responsáveis pela função política; já em uma concepção de sentido material, Governo é o complexo de funções estatais básicas.

1.4 Administração Pública

A Administração Pública pode ser definida como a própria atividade administrativa exercida pelo Estado, seus órgãos e agentes, podendo ser conceituada a partir dos critérios a seguir:

a) **formal:** conjunto de órgãos instituídos para a consecução dos objetivos do governo;

b) **material:** conjunto de funções necessárias para o serviço público;

c) **operacional:** desempenho perene e sistemático, legal e técnico dos serviços próprios do Estado.

Quando for tratada em sentido formal (subjetivo ou orgânico), Administração Pública deve ser grafada com iniciais maiúsculas, enquanto em sentido material ou operacional (objetivo ou funcional), administração pública dever ser grafada com iniciais minúsculas.

> Art. 37, *caput*, CF/1988: A Administração pública direta e indireta de qualquer dos Poderes da União, dos Estados, do Distrito Federal e dos Municípios obedecerá aos princípios de legalidade, impessoalidade, moralidade, publicidade e eficiência.
>
> Art. 2º, Lei nº 9.784/1999: A Administração Pública obedecerá, dentre outros, aos princípios da legalidade, finalidade, motivação, razoabilidade, proporcionalidade, moralidade, ampla defesa, contraditório, segurança jurídica, interesse público e eficiência.

Em linhas introdutórias, concluímos uma visão geral de Estado, Governo e Administração, para que possamos continuar a trilhar o caminho para uma melhor visão do Direito Administrativo que se apresentará nos próximos capítulos.

2

Princípios fundamentais da Administração Pública

2.1 Conceito de princípios

Princípios são as proposições básicas, os alicerces de uma ciência e surgem como parâmetros para toda a integração do ordenamento.

Estabeleceremos o estudo dos principais princípios adotados pela doutrina, sem nenhuma pretensão de se esgotar o assunto, estabelecendo aqueles que devem ser assimilados pelo caro leitor como primordiais para enfrentar eventuais indagações acerca da temática.

O eminente doutrinador Celso Antônio Bandeira de Mello (2009, p. 46) aponta que o regime jurídico administrativo estabelece, como "pedras de toque", a consagração de dois princípios básicos: a supremacia do interesse público sobre o interesse particular e a indisponibilidade do interesse público, dos quais se extraem inúmeros outros princípios. Para o festejado autor, a supremacia do interesse público sobre o privado trata-se de verdadeiro axioma no moderno Direito Público.

2.2 Princípios

2.2.1 Princípio da supremacia do interesse público

Determina que, para atender aos interesses públicos, a Administração terá uma série de privilégios e vantagens frente ao particular, devendo, em regra, gozar de posição de superioridade. Ora, por óbvio que o interesse público, por representar interesse coletivo, deve se sobrepor ao interesse individual.

É de bom alvitre ressaltar que esse princípio permeia a atuação administrativa ainda quando da sua função concepcionista normativa, ou seja, quando da criação das normas, até o momento de sua execução, bem como do exaurimento dos atos administrativos.

Exemplo clássico desse princípio é o caso de desapropriação por interesse público, quando imóveis particulares são desapropriados para que a Administração possa criar uma nova via de tráfego.

O Superior Tribunal de Justiça (STJ), quando do julgamento do EDcl no CC nº 89.288/AC consignou que:

> o fundamento das ações expropriatórias é a supremacia do interesse público sobre o privado, que se fundamenta no poder de império da Administração. Mesmo que o imóvel – objeto da execução laboral – já tivesse sido efetivamente registrado em nome dos particulares, tal fato não impediria o ajuizamento da ação de desapropriação, mas apenas imporia a sucessão no polo passivo da demanda expropriatória.

Como no Direito nada é absoluto, esse princípio possui limites, podendo ser indicado como os mais comuns: os direitos e garantias fundamentais e o princípio da legalidade.

2.2.2 Princípio da indisponibilidade do interesse público

O interesse público é indisponível, irrenunciável, intransigível, não cabendo ao administrador fazer opção em relação à persecução desse interesse, uma vez que dele é mero gestor, não podendo dispor.

Por vezes, o princípio da indisponibilidade do interesse público poderá vir grafado com outra expressão que lhe imponha igual valor.

2.2.3 Princípio da continuidade

O princípio da continuidade do serviço público é derivado do princípio da indisponibilidade do interesse público. Consiste em determinar que a atividade administrativa seja perene, contínua.

Importante trazer algumas situações em que a solução empenhada pelo Judiciário é balizada por tal princípio.

O STJ se posiciona no sentido de que os serviços públicos de fornecimento de energia poderão ser interrompidos em caso de inadimplência e de reparos. Além disso, o Tribunal da Cidadania entende que a legalidade da greve será analisada em consonância com a essencialidade ou não do serviço interrompido, vez que será considerada ilegal a paralisação de serviços essenciais.

Ainda sobre greve, o Supremo Tribunal Federal (STF) entendeu, na ausência de lei específica que regule a greve no serviço público, que seja realizada a aplicação da Lei nº 7.783/1989.

Exceptio non adimpleti contractus que é a exceção do contrato não cumprido. Doutrina tradicional não admite.

Doutrina moderna admite somente nos Contratos Administrativos que estão submetidos à égide da Lei nº 14.133/2021, em caso de atrasos superiores a 90 dias por parte da Administração.

O STJ consagra entendimento no sentido de que a regra de não aplicação da *exceptio non adimpleti contractus*, em sede de contrato administrativo, não é absoluta, tendo em vista que, após o advento da Lei nº 8.666/1993, se passou a permitir sua incidência, em certas circunstâncias, mormente na hipótese de atraso no pagamento, pela Administração Pública, por mais de 90 dias (art. 78, XV). A propósito: AgRg no REsp nº 326.871/PR, 2ª Turma, Rel. Min. Humberto Martins, *DJ* de 20.02.2008; RMS nº 15.154/PE, 1ª Turma, Rel. Min. Luiz Fux, *DJ* de 02.12.2002.

2.2.4 Princípio da autotutela

Pelo princípio da autotutela, a Administração pode controlar seus próprios atos, seja para anulá-los quando ilegais, seja para revogá-los quando inconvenientes ou inoportunos, independente de revisão judicial.

> STF, Súmula nº 346: A Administração Pública pode declarar a nulidade dos seus próprios atos.

> STF, Súmula nº 473: A administração pode anular seus próprios atos, quando eivados de vícios que os tornam ilegais, porque deles não se originam direitos; ou revogá-los, por motivo de conveniência ou oportunidade, respeitados os direitos adquiridos, e ressalvada, em todos os casos, a apreciação judicial.

O prazo para que a Administração Pública reveja seus próprios atos, quando ilegais, mas que dele decorram efeitos favoráveis aos destinatários, é de cinco anos, conforme a Lei nº 9.784/1999.

2.2.5 Princípio da especialidade

Determina que a Administração Pública atue de forma especializada. Tal princípio reforça a ideia de eficiência administrativa, trazendo implicações importantes na melhor consecução da coisa pública.

2.2.6 Princípio da presunção de legitimidade

Determina que os atos administrativos se presumam legítimos. No entanto, essa presunção é *juris tantum*, pois admite prova em contrário. Observe-se que a presunção de legitimidade dos atos administrativos é fundamental para o andamento da Administração Pública, uma vez que permite a pronta executoriedade.

O princípio da presunção de legitimidade tem como fundamentos a soberania do Estado e a necessidade de celeridade de sua atividade.

Vejamos trecho de recente decisão do STJ no AgRg no HC nº 532.071/SP, que trata da presunção de legitimidade:

> consolidou-se nesta Corte Superior de Justiça entendimento no sentido de que "a prova oral produzida, consistente em declarações coesas dos agentes de segurança penitenciária se mostraram suficientes para a caracterização da falta como grave (...). A Jurisprudência é pacífica no sentido de inexistir fundamento o questionamento, *a priori*, das declarações de servidores públicos, uma vez que suas palavras se revestem, até prova em contrário, de presunção de veracidade e de legitimidade, que é inerente aos atos administrativos em geral".

2.2.7 Princípio da isonomia

No texto Oração aos Moços, Rui Barbosa trata com maestria do que seria isonomia ao aduzir que:

> a regra da igualdade não consiste senão em quinhoar desigualmente aos desiguais, na medida em que se desigualam. Nessa desigualdade social, proporcionada à desigualdade natural, é que se acha a verdadeira lei da igualdade. O mais são desvarios da inveja, do orgulho, ou da loucura. Tratar com desigualdade a iguais, ou a desiguais com igualdade, seria desigualdade flagrante, e não igualdade real. Os apetites humanos conceberam inverter a norma universal da criação, pretendendo, não dar a cada um, na razão do que vale, mas atribuir o mesmo a todos, como se todos se equivalessem.

Pelo extrato da redação de Rui Barbosa, tem-se que "os iguais devem ser tratados de maneira igual e os desiguais de maneira desigual na medida de sua desigualdade". É, portanto, princípio que aquilata a justiça ao caso concreto.

A Súmula nº 683 do STF traduz o princípio da isonomia em entendimento sumulado, vejamos o que diz o enunciado: "o limite de idade para a inscrição em concurso público só se legitima em face do art. 7º, XXX, da Constituição, quando possa ser justificado pela natureza das atribuições do cargo a ser preenchido".

2.2.8 Princípio da segurança jurídica

O princípio da segurança jurídica encontra-se expresso no art. 2º da Lei nº 9.784/1999, que diz: "A Administração Pública obedecerá, dentre outros, aos princípios da legalidade, finalidade, motivação, razoabilidade, proporcionalidade, moralidade, ampla defesa, contraditório, segurança jurídica, interesse público e eficiência".

Determina, portanto, que deve ser respeitado o direito adquirido, evitando que situações supervenientes possam desestabilizar o Estado de Direito, alterando o estado das coisas que já se encontravam definidas.

2.2.9 Princípio do contraditório e ampla defesa

Também consagrado no art. 2º da Lei nº 9.784/1999, o princípio do contraditório e da ampla defesa determina que ninguém será julgado sem ser informado previamente de procedimento instaurado contra sua pessoa, sendo-lhe conferida a possibilidade de ser ouvido, podendo ainda o interessado se utilizar de todos os meios que julgar necessários para efetivar sua plena defesa. É, pois, decorrente do devido processo legal.

No RHC nº 116.025/RS, o STJ consignou que "a Constituição Federal, no art. 5º, inciso LXXVIII, prescreve: 'a todos, no âmbito judicial e administrativo, são assegurados a razoável duração do processo e os meios que garantam a celeridade de sua tramitação'". No entanto, essa garantia deve ser compatibilizada com outras de igual estatura constitucional, como o devido processo legal, a ampla defesa e o contraditório que, da mesma forma, precisam ser asseguradas às partes no curso do processo.

2.2.10 Princípio da razoabilidade ou da proibição de excessos

O princípio da razoabilidade determina que o Administrador, a pretexto de cumprir a lei, não pode agir com arbitrariedade ou excesso. Por esse princípio, impõe-se ao administrador limitações à discricionariedade administrativa.

2.2.11 Princípio da proporcionalidade

Pelo princípio da proporcionalidade tem-se que deve haver equilíbrio entre os meios utilizados pela administração e os fins almejados. É, portanto, uma faceta instrumental do princípio da razoabilidade.

> Art. 2º, parágrafo único, VI, da Lei nº 9.784/1999: Adequação entre meios e fins, vedada a imposição de obrigações, restrições e sanções em medida superior àquelas estritamente necessárias ao atendimento do interesse público.

2.2.12 Princípio da hierarquia

O princípio da hierarquia determina que órgãos da Administração Pública sejam estruturados com relação de coordenação e subordinação entre eles, havendo um verdadeiro escalonamento vertical entre as estruturas organizacionais da Administração.

Observe-se o julgado do STJ, MS nº 15.165/DF, que trata do escalonamento vertical de competências envolvendo a Presidência da República e o Ministério da Educação, ao afirmar que "se uma determinada competência pode ser delegada, automaticamente, esta poderá ser avocada, porquanto são dois institutos jurídicos conexos e de 'mão dupla', em decorrência da própria disposição do princípio da hierarquia que estrutura a Administração Pública".

2.2.13 LIMPE – legalidade, impessoalidade, moralidade, publicidade e eficiência

Com a redação dada pela Emenda Constitucional (EC) nº 19/1998, a Constituição Federal de 1988 (CF/1988) elencou em seu art. 37 que "a administração pública direta e indireta de qualquer dos Poderes da União, dos Estados, do Distrito Federal e dos Municípios obedecerá aos princípios de legalidade, impessoalidade, moralidade, publicidade e eficiência". Dessa forma, são princípios constitucionais expressos da Administração Pública: legalidade, impessoalidade, moralidade, publicidade e eficiência.

2.2.13.1 Princípio da legalidade

O princípio da legalidade fixa que a Administração Pública deve atuar em consonância perfeita com a determinação legal. Por este princípio, a Administração somente poderá fazer aquilo que a lei determina. Atente-se que, em razão deste princípio, a Administração Pública está para a lei assim como o trem está para os trilhos.

Diferente das relações privadas, nas quais vigem a autonomia da vontade e a máxima de que ninguém é obrigado a fazer ou deixar de fazer algo, senão em virtude de imposição legal, a Administração, repita-se, somente pode agir quando autorizada pela lei e em respeito às balizas da norma.

O STF, quando do julgamento do ACO nº 3.044 AgR/AC, consignou que "por expressa determinação constitucional, na medida em que a atuação da Administração Pública é pautada pelo princípio da legalidade (CF, art. 37, *caput*), inexiste, em princípio, qualquer ilegalidade na atuação da União em proceder à inscrição do órgão ou entre nos cadastros de restrição", de modo que inconteste o respaldo dado ao princípio da legalidade.

2.2.13.2 Princípio da impessoalidade

Determina que aos administrados devem ser dispensados tratamentos iguais, não podendo o administrador agir com interesses pessoais próprios em relação a si ou mesmo em razão dos destinatários da lei. Exemplo clássico da impessoalidade é a escolha do servidor público por meio de concurso, ou mesmo a contratação de sociedade empresária por meio de licitação.

Outro aspecto determinante é o de que o agente da Administração não poderá se utilizar de sua posição no cargo que ocupa ou função que desempenha para promoção pessoal.

Vejamos o que diz o art. 37, § 1°, da CF/1988:

> A publicidade dos atos, programas, obras, serviços e campanhas dos órgãos públicos deverá ter caráter educativo, informativo ou de orientação social, dela não podendo constar nomes, símbolos ou imagens que caracterizem promoção pessoal de autoridades ou servidores públicos.

2.2.13.3 Princípio da moralidade

Determina que a Administração Pública deve agir de acordo com os preceitos morais e éticos. "É o princípio da boa-fé da administração pública". A Lei n° 9.784/1999 aduz que a Administração Pública deve pautar sua **atuação segundo padrões éticos de probidade, decoro e boa-fé**.

Além disso, o ordenamento jurídico pátrio consagra a probidade administrativa como dever do administrador, inclusive assentado na Lei n° 8.429/1992, que trata dos atos de improbidade administrativa.

2.2.13.4 Princípio da publicidade

Determina que os atos da Administração devam ser divulgados para todos os administrados.

Fundamenta-se na viabilização do amplo controle dos atos administrativos pelos administrados. Além do controle, a publicidade faz com que os atos administrativos possam produzir seus efeitos jurídicos, como contagem de prazos. Com efeito, o STJ, notadamente no REsp nº 1.816.472/SP, assentou que não se vislumbra desrespeito ao princípio da publicidade a convocação para nova etapa de concurso público apenas por meio da internet e publicação em *Diário Oficial* ocorrida em curto período.

Como exceção ao princípio da publicidade: proteção à intimidade, defesa da segurança da sociedade e do Estado e investigação policial.

2.2.13.5 *Princípio da eficiência*

O princípio da eficiência estabelece que a Administração deve atingir os resultados práticos almejados com o mínimo de desperdício, utilizando-se apropriadamente dos seus recursos.

Foi introduzido explicitamente na CF/1988 por meio da EC nº 19/1998, que marcou a reforma administrativa.

2.3 Jurisprudência dos tribunais superiores acerca do tema estudado

> Súmula vinculante nº 13, STF: A nomeação de cônjuge, companheiro ou parente em linha reta, colateral ou por afinidade, até o terceiro grau, inclusive, da autoridade nomeante ou de servidor da mesma pessoa jurídica investido em cargo de direção, chefia ou assessoramento, para o exercício de cargo em comissão ou de confiança ou, ainda, de função gratificada na administração pública direta e indireta em qualquer dos poderes da União, dos

Estados, do Distrito Federal e dos Municípios, compreendido o ajuste mediante designações recíprocas, viola a Constituição Federal.

Súmula nº 473, STF: A administração pode anular seus próprios atos, quando eivados de vícios que os tornam ilegais, porque deles não se originam direitos; ou revogá-los, por motivo de conveniência ou oportunidade, respeitados os direitos adquiridos, e ressalvada, em todos os casos, a apreciação judicial.

Súmula nº 346, STF: A administração pública pode declarar a nulidade dos seus próprios atos.

Súmula nº 6, STF: A revogação ou anulação, pelo Poder Executivo, de aposentadoria, ou qualquer outro ato aprovado pelo Tribunal de Contas, não produz efeitos antes de aprovada por aquele tribunal, ressalvada a competência revisora do judiciário.

3

Organização Administrativa da União – Administração Direta e Indireta, órgãos, setores da economia, entes de cooperação

3.1 Organização da Administração

A Administração Pública, para melhor desenvolver e prestar o *mister* administrativo de servir à coletividade, buscando intransigentemente a finalidade pública, realiza suas atividades de forma centralizada, descentralizada e desconcentrada.

Tais divisões ocorrem devido à incansável busca da Administração Pública por maior eficiência e especialização no desempenho de suas funções.

Neste breve relato, conseguimos vislumbrar facilmente alguns princípios da Administração Pública desenvolvidos no estudo anterior, como: eficiência, supremacia do interesse público, especialização e hierarquia.

3.2 Centralização x desconcentração x descentralização

3.2.1 Centralização

Nas palavras de Vicente Paulo e Marcelo Alexandrino (2014, p. 23), ocorre a chamada centralização administrativa quando o Estado executa suas tarefas diretamente, por meio de seus órgãos e agentes integrantes da Administração Direta. Ou seja, a Administração presta seus serviços por meio dos órgãos estatais integrantes da mesma pessoa política que é o ente da Federação (União, Estados, DF, Municípios).

3.2.2 Desconcentração

Desconcentração é o fenômeno que ocorre internamente, ou seja, quando a entidade da Administração distribui internamente competências a fim de tornar o serviço mais eficiente. É o momento em que a Administração, dentro de sua própria estrutura, distribui competências por intermédio de órgãos, sem que para isso resulte a criação de uma nova pessoa jurídica.

Ressalte-se, na desconcentração não existe criação de nova entidade.

3.2.3 Descentralização

Na descentralização o ente estatal cria pessoa jurídica diversa para desenvolver as atividades que originariamente seriam de sua competência, podendo ser: autarquia, fundação pública, empresa pública ou sociedade de economia mista. De bom alvitre destacar que alguns autores incluem os consórcios públicos, as subsidiárias das empresas estatais e as empresas privadas controladas pelo Estado.

É muito importante que o leitor, especialmente o que pretende se submeter a provas, memorize a diferença entre os três institutos, pois é grande a incidência de tais quesitos em exames das diversas bancas organizadoras.

3.3 Descentralização política e descentralização administrativa

3.3.1 Descentralização política

Descentralização política é a que ocorre com as pessoas políticas por força da Constituição Federal. Nesse caso, a própria Constituição cria seus entes e a eles imputa soberania e autonomia para legislar e para governar. São criações da descentralização política: a União, os Estados, o Distrito Federal e os Municípios.

3.3.2 Descentralização administrativa

Ocorre a descentralização administrativa quando o próprio ente estatal (aquele que nasceu da descentralização política) cria pessoas com poder de autoadministração, mas que se subordinam às leis e regras impostas pelo ente estatal criador. São exemplos de descentralização administrativa as autarquias, as fundações públicas, as sociedades de economia mista e as empresas públicas.

Registre-se que a criação de órgão para distribuição de competências, a exemplo da Presidência da República, dos Ministérios, das Secretarias, dentre outros, é fenômeno da desconcentração.

3.4 Administração Direta

Administração Direta é o conjunto de órgãos que integram a estrutura política da União, aos Estados, ao Distrito Federal e aos Municípios, aos quais foram atribuídas competências para desenvolvimentos de forma centralizada das atividades administrativas.

Faz parte da Administração Direta, que também é chamada de centralizada, a Presidência da República com todos os serviços e órgãos que a integram. Observe-se que, em razão dos princípios da especialidade, hierarquia e eficiência, a Administração Direta pode se desmembrar em órgãos devidamente escalonados, não deixando de fazer parte da Administração Direta, não sendo, portanto, nova pessoa jurídica.

Percebe-se que há uma parcial simetria entre os entes da Federação e a distribuição de poderes e órgãos, excetuando-se o Poder Judiciário, que não existe na esfera municipal.

3.5 Teoria dos órgãos públicos

Buscando fundamentar a forma de atuação do Estado, que se utiliza de cargos públicos, com pessoas naturais neles investidos (agentes públicos), para a persecução de seus fins, a doutrina criou três teorias: teoria do mandato, teoria da representação e teoria do órgão.

3.5.1 Teoria do mandato

Foi a primeira teoria desenvolvida. Esta teoria disciplina que o agente público nada mais é do que mero mandatário (procurador) do Estado.

Crítica: Como o Estado, que não possui vontade própria, poderia outorgar um mandato? Sendo assim, não foi admitida a teoria do mandato em razão de sua fragilidade.

3.5.2 Teoria da representação

Segunda teoria construída pela doutrina. Defende que o agente público é representante legal do Estado, assim como se este fosse um "incapaz".

Crítica: Como um incapaz poderia outorgar validamente sua representação? Por qual razão uma pessoa jurídica seria considerada incapaz? Sendo assim, em razão da inoportuna justificativa também não prospera esta teoria.

3.5.3 Teoria do órgão

A teoria do órgão foi consagrada pela maioria dos doutrinadores e pela jurisprudência. Por esta teoria, o Estado manifesta sua vontade por meio de seus órgãos, integrantes de sua própria estrutura, e estes, por seus agentes. Tal manifestação de vontade ocorre de maneira que, quando o agente está conduzindo determinado ato, é como se o próprio Estado o estivesse a realizá-lo. Tem-se, portanto, que o agente público se reveste de Estado, representando-o.

3.6 Órgãos públicos

3.6.1 Conceito

Para Celso Antônio Bandeira de Mello (2009, p. 140), órgãos públicos são "unidades abstratas que sintetizam os vários círculos de atribuições do Estado".

Para Hely Lopes Meirelles (2008, p. 68), órgãos "são centros especializados de competência" ou ainda, em uma outra definição, "são centros de competência instituídos para o desempenho de funções estatais, através de seus agentes, cuja atuação é imputada à pessoa jurídica a que pertencem".

Pela definição do art. 1°, § 2°, I, da Lei n° 9.784/1999, órgão é "a unidade de atuação integrante da estrutura da Administração Direta e da estrutura da Administração Indireta".

Sendo assim, hoje, majoritariamente, a doutrina adota a possibilidade da existência de órgão tanto na Administração Direta como na Administração Indireta.

3.6.2 Principais características

- Resultam da desconcentração.
- Integram a estrutura de uma pessoa jurídica.
- Não têm personalidade jurídica própria.
- Não têm vontade própria.
- Não podem ser sujeitos de direitos e obrigações.
- Não respondem em juízo.
- Possuem capacidade processual para defesa de suas prerrogativas.
- Não possuem patrimônio próprio.
- Podem estar inscritos no Cadastro Nacional de Pessoa Jurídica (CNPJ).

Importa relevar a questão do CNPJ, pois o significado da sigla – Cadastro Nacional de Pessoa Jurídica – faz com que ocorra uma equivocada interpretação do conceito publicista de órgão para aqueles que possuem a respectiva inscrição. Ora, muitos órgãos, a exemplo de Ministérios e Secretarias de Estado, possuem CNPJ, mas não possuem personalidade jurídica própria. Isso porque para esses órgãos o CNPJ terá uma mera função com efeitos na dinâmica financeira, conferindo agilidade à movimentação de recursos entre os órgãos estatais, não significando que são pessoas jurídicas.

3.6.3 Classificação

Também bastante divergente na doutrina, utilizaremos o estudo feito pela professora Fernanda Marinela (2005, p. 135) por entendermos ser mais abrangente, garantindo ao leitor a possibilidade de maior compreensão, caso alguma dessas questões seja objeto de indagação.

1. Quanto à posição estatal:
   a. **Órgãos independentes:** órgãos localizados no ápice da Administração. Possuem origem na Constituição e representam o Poder do Estado. Não possuem subordinação. Exemplo: Presidência da República, Tribunais, Juízes Singulares, Casas Legislativas.
   b. **Órgãos autônomos:** órgãos localizados na cúpula da Administração, imediatamente abaixo dos órgãos independentes. Possuem ampla autonomia administrativa, técnica e financeira. Exemplo: Ministérios, Procuradoria-Geral de Justiça.
   c. **Órgãos superiores:** órgãos que possuem atribuições de direção, controle e decisão, mas que estão subordinados a órgãos hierarquicamente superiores. Não possuem autonomia administrativa e nem financeira. Exemplo: Secretaria-Geral, Procuradorias Administrativas, Coordenadorias, Departamentos.
   d. **Órgãos subalternos:** são órgãos que exercem função de mera execução. Exemplo: seção de expediente, de portaria, de material, de zeladoria.

2. **Quanto à estrutura:**

a. **Órgãos simples:** também chamados de unitários, são os órgãos que possuem um único centro de competência. Exemplo: seção administrativa.

b. **Órgãos compostos:** são os que reúnem em sua estrutura outros órgãos agregados. Exemplo: Secretaria de Educação.

3. **Quanto à atuação funcional:**

a. **Órgãos singulares:** são órgãos que possuem apenas um titular. Exemplo: Presidência da República.

b. **Órgãos colegiados:** são os que atuam e decidem por intermédio de vários membros. Exemplo: Assembleia Legislativa.

4. **Quanto à esfera de atuação:**

a. **Órgãos centrais:** são os órgãos que exercem atuação em todo o território nacional, estadual, municipal, distrital (DF). Exemplo: Secretarias, Ministérios.

b. **Órgãos locais:** são os que atuam somente por uma parte de determinado território. Exemplo: Delegacia de Polícia.

3.7 Administração Indireta

Administração Indireta é o conjunto de pessoas administrativas que têm vínculo com a Administração Direta e que possuem competência para, de forma descentralizada, exercer as atividades administrativas. É composta pelas autarquias, fundações públicas, empresas públicas e sociedades de economia mista. A doutrina mais vanguardista aponta ainda os consórcios públicos, as subsidiárias das empresas estatais, as empresas privadas controladas pelo Estado como parte da Administração Indireta.

Observe-se que a Administração Indireta surge como fenômeno da descentralização e por imposição de princípios da especialidade, da eficiência, da economicidade, da supremacia do interesse público, dentre outros.

3.7.1 Características gerais da Administração Indireta

- Possuem personalidade jurídica própria, ou seja, são sujeitos de direitos e obrigações.
- Possuem patrimônio próprio.
- Possuem receita própria.
- Possuem capacidade de autoadministração.
- Possuem previsão legal para criação (autarquias são criadas por lei, enquanto as demais pessoas têm sua criação autorizada pela lei).
- São criadas sem fins lucrativos.
- A lei criadora determina finalidade específica.
- Possuem controle externo.

3.7.2 Autarquias

Autarquias são pessoas jurídicas de Direito Público criadas por lei específica, que gozam de autonomia para gerir as atividades administrativas determinadas pela lei que as criou.

Maria Sylvia Zanella Di Pietro (2013, p. 490) conceitua autarquia como "pessoa jurídica de Direito Público, criada por lei, com capacidade de autoadministração, para desempenho de serviço público descentralizado mediante controle administrativo exercido nos limites da lei".

O Decreto-lei n° 200/1967 define autarquia da seguinte maneira: "Autarquia – o serviço autônomo, criado por lei, com personalidade jurídica, patrimônio e receita próprios para executar atividades típicas da Administração Pública, que requeiram, para seu melhor funcionamento, gestão administrativa e financeira descentralizada".

3.7.2.1 Regime jurídico

- Natureza jurídica: de Direito Público.
- Criação e extinção: por meio de lei específica.
- Controle: estão sujeitas a controle interno e externo.
- Atos: são atos administrativos e devem obedecer a todos os seus requisitos (sujeito competente, forma prescrita em lei, motivo, objeto e finalidade pública).
- Contratos: estão sujeitos a procedimento licitatório – Lei nº 14.133/2021.
- Responsabilidade civil: responsabilidade civil objetiva para atos comissivos e subjetiva para atos omissivos. Estado responde subsidiariamente.
- Prescrição: prescrevem em cinco anos todas as pretensões formuladas em face da autarquia.
- Bens autárquicos: os bens estão sob o regime de bens públicos, sendo, em regra, inalienáveis.
- Débitos judiciais: serão pagos por meio de precatórios.
- Privilégios processuais: possuem tratamento da Fazenda Pública e, na forma do artigo 183 do Código de Processo Civil (CPC), gozarão de prazo em dobro para todas as suas manifestações processuais, cuja contagem terá início a partir da intimação pessoal.
- Para cobrança de seus créditos, valem-se do regime de execução fiscal.
- Competência: sendo autarquia federal, será a Justiça Federal a competente para julgar suas ações. Para as autarquias estaduais e municipais, é competente a Justiça Estadual.

- Imunidade tributária: a CF/1988 determina que não poderão ser instituídos impostos sobre o patrimônio, a renda e os serviços das autarquias.
- Orçamentos: respeitam as mesmas regras da entidade que a criou.
- Regime de pessoal: estatutário, Lei n° 8.112/1990, ou celetista, Consolidação das Leis Trabalhistas (CLT).

Observação

STJ – a exceção da Ordem dos Advogados do Brasil (OAB), por força de sua finalidade constitucional, embora definida como autarquia profissional, as contribuições pagas pelos seus filiados não possuem natureza tributária e, portanto, não estarão sujeitas ao regime de execução fiscal.

3.7.2.2 Autarquia de regime especial – agências reguladoras

Atenção especial deve ser dada às agências reguladoras que, obrigatoriamente, terão seus dirigentes com mandato a tempo certo, e seus servidores com regime de pessoal estatutário.

Primeiramente, é bom atentar que as agências reguladoras são espécies de autarquias que nasceram em virtude do processo de privatização ocorrido recentemente no Brasil. Possuem vocação fiscalizatória e regulamentar, especialmente nos nichos de atuação que o Estado considera estratégico. Por essa razão, a fim de conceder uma maior independência na atuação de seus membros, que exercerão papel eminentemente fiscal e regulatório, que todos os seus servidores devem ter vínculo estatutário e que seus dirigentes devem ter mandato a tempo certo.

O Plenário do STF, na ADI nº 4.874/DF, assentou de forma bastante didática

> que o advento das agências reguladoras setoriais representa inegável aperfeiçoamento da arquitetura institucional do Estado de Direito contemporâneo no sentido do oferecimento de uma resposta da Administração Pública para fazer frente à complexidade das relações sociais verificadas na modernidade. A exigência de agilidade e flexibilidade cada vez maiores do Estado diante das ininterruptas demandas econômicas e sociais que lhe são direcionadas levou à emergência de estruturas administrativas relativamente autônomas e independentes – as chamadas agências – dotadas de mecanismos aptos e eficazes para a regulação de setores específicos, o que inclui a competência para editar atos qualificados como normativos. Nesse contexto, o escopo do modelo regulatório adotado no Brasil não se reduz à regulação concorrencial, não se limitando à correção das chamadas "falhas de mercado". Pelo contrário, incorpora também instrumentos necessários para o atingimento de objetivos gerais de interesse público: regulação social, e não apenas econômica.

São exemplos de agências reguladoras: Agência Nacional do Petróleo (ANP), Agência Nacional de Aviação Civil (ANAC), Agência Nacional de Telecomunicações (ANATEL), Agência Nacional de Energia Elétrica (ANEEL) etc.

3.7.3 Fundações públicas

São entidades que fazem parte da Administração Indireta, instituídas pelo Poder Público por meio de lei autorizadora, pela qual se afeta patrimônio destinado pelo seu fundador com o objetivo de se desenvolver atividades de interesse do Poder Público como assistência médica, educação, desporto, cultura etc., tendo suas finalidades disciplinadas por lei complementar.

Alguns autores as chamam de autarquias fundacionais, uma vez que em muito se assemelham com as autarquias.

O STF, tratando da distinção entre fundações públicas de regime jurídico de direito público e fundações públicas de regime jurídico de direito privado, no julgamento da ADI Repercussão Geral n° 5.610, consignou que

> a qualificação de uma fundação instituída pelo Estado como sujeita ao regime público ou privado depende (i) do estatuto de sua criação ou autorização e (ii) das atividades por ela prestadas. As atividades de conteúdo econômico e as passíveis de delegação, quando definidas como objetos de dada fundação, ainda que essa seja instituída ou mantida pelo Poder Público, podem se submeter ao regime jurídico de direito privado.

3.7.3.1 Regime jurídico

- **Natureza jurídica:** a doutrina diverge quanto à concepção de sua natureza, se pública ou privada. Celso Antônio Bandeira de Mello (2009, p. 186) defende a natureza pública; Hely Lopes Meirelles (2008, p. 360) defende a natureza privada.

Para melhor solução, como aponta Maria Sylvia Zanella Di Pietro (2013, p. 495) em consonância com o posicionamento do STF, é necessário que seja analisada no caso concreto como a lei instituidora da fundação a definiu, se de direito público ou se de direito privado.

Oportuno apontar que, se a fundação pública for de direito público, poderá ser chamada de autarquia fundacional ou fundação autárquica, enquanto se de direito privado, poderá ser chamada de fundação governamental.

- **Autarquia Fundacional:** criação e extinção – por meio de lei específica será autorizada a criação de fundação, e por meio de lei complementar será definida sua área de atuação.
- **Controle:** estão sujeitas a controle interno e externo.
- **Atos:** são atos administrativos e devem obedecer a todos os seus requisitos (sujeito competente, forma prescrita em lei, motivo, objeto e finalidade pública).
- **Contratos:** estão sujeitas a procedimento licitatório – Lei nº 14.133/2021.
- **Responsabilidade civil:** responsabilidade civil objetiva para atos comissivos, e subjetiva para atos omissivos. Estado responde subsidiariamente.
- **Prescrição:** prescrevem em cinco anos todas as pretensões formuladas em face da fundação pública.
- **Bens fundacionais:** os bens estão sob o regime de bens públicos, sendo, em regra, inalienáveis.
- **Débitos judiciais:** serão pagos por meio de precatórios.
- **Privilégios processuais:** possuem tratamento da Fazenda Pública e, na forma art. 183 do CPC, gozarão de prazo em dobro para todas as suas manifestações processuais, cuja contagem terá início a partir da intimação pessoal.

Para cobrança de seus créditos, valem-se do regime de execução fiscal.

- **Competência:** sendo autarquia federal, será a Justiça Federal a competente para julgar suas ações. Para as autarquias estaduais e municipais é competente a Justiça Estadual.
- **Imunidade tributária:** assim como as autarquias comuns, a CF/1988 determina que não poderão ser instituídos impos-

tos sobre o patrimônio, sobre a renda e sobre os serviços das Fundações Públicas.
- **Orçamentos:** respeitam as mesmas regras da entidade que a criou.
- **Regime de pessoal:** estatutário, Lei n° 8.112/1990, ou celetista, CLT.

3.7.4 Empresas públicas e sociedade de economia mista

Empresa pública é a entidade da Administração Indireta instituída pelo Poder Público, por força de previsão legal, dotada de personalidade jurídica de direito privado, e que possui a finalidade de prestar serviço público ou explorar atividade econômica.

Sociedade de economia mista é a entidade da Administração Indireta instituída pelo Poder Público, por força de previsão legal, dotada de personalidade jurídica de direito privado, na forma de sociedade anônima cujas ações com direito a voto pertencem em sua maioria ao Poder Público, e que possui a finalidade de prestar serviço público ou explorar atividade econômica.

Quanto à exploração da atividade econômica, segundo o art. 173 da CF/1988, o Estado somente intervirá nas atividades econômicas que sejam de relevante interesse público ou que estejam relacionadas à segurança nacional.

3.7.4.1 Regime jurídico

- **Natureza jurídica:** *sui generis*, híbrida ou mista.

    As empresas públicas ou as sociedades de economia mista, em que pese serem pessoas jurídicas de direito privado, poderão possuir regime jurídico de natureza pública ou privada.

Serão de regime público aquelas sociedades de economia mista ou empresas públicas que tiverem como finalidade a prestação de serviço público, enquanto obedecerão ao regime privado as que explorarem a atividade econômica.

- **Criação e extinção:** por meio de lei específica será autorizada a criação da empresa pública ou da sociedade de economia mista, porém, sua criação ocorrerá apenas com o registro dos atos constitutivos no órgão competente.
- **Controle:** estão sujeitas a controle interno e externo.
- **Atos:** para as exploradoras de atividade econômica seus atos são de direito privado, enquanto para a prestadora de serviços seus atos são administrativos e devem obedecer a todos os seus requisitos (sujeito competente, forma prescrita em lei, motivo, objeto e finalidade pública).
- **Contratos:** as prestadoras de serviços públicos estão sujeitas a procedimento licitatório – Lei nº 14.133/2021.

As empresas públicas ou sociedades de economia mista que exploram atividade econômica terão seus contratos submetidos às regras dos contratos privados, e não serão considerados contratos administrativos. Tais entidades poderão, conforme preceitua a Norma Constitucional, possuir estatuto específico. Porém, enquanto a regra não é disciplinada, devem seguir a Lei nº 14.133/2021.

Salutar lembrar que a licitação não é um fim em si mesmo e, como essas empresas que exploram atividade econômica estão em franca concorrência com a eficiência do setor privado, poderão as regras de licitação ser temperadas para que elas possam contratar sem licitação, tudo conforme a supremacia e a indisponibilidade do interesse público.

- **Responsabilidade civil:** para as prestadoras de serviços públicos, a responsabilidade civil é objetiva para atos comissivos, e subjetiva para atos omissivos. O Estado responde subsidiariamente.

As exploradoras de atividade econômica se submetem às regras de direito privado, não respondendo o Estado nem mesmo subsidiariamente.

- **Competência:** as empresas públicas terão como foro competente o da Justiça Federal para julgar suas ações. Para as empresas públicas estaduais e municipais é competente a Justiça Estadual. Enquanto as sociedades de economia mista, mesmo que tiverem como controladora a União, terão como foro competente o da Justiça Estadual.

Nesse diapasão, as ações que envolvem a Caixa Econômica Federal, empresa pública, são processadas na Justiça Federal, enquanto as ações que envolvem o Banco do Brasil, sociedade de economia mista, são processadas na Justiça Comum Estadual.

- **Imunidade tributária:** ponto divergente na doutrina; entendemos que somente haverá imunidade tributária em relação à não possibilidade de instituição de impostos sobre o patrimônio, a renda e os serviços das empresas públicas ou sociedades de economia prestadoras de serviço público e que não cobrem nenhuma contraprestação, ou pagamento de preços ou tarifas pelo usuário.

Exceção para Empresa Brasileira de Correios e Telégrafos.

Tanto o STF como o STJ vêm aplicando a imunidade tributária para a Empresa Brasileira de Correios e Telégrafos.

O STF ainda admite que a Empresa Brasileira de Correios e Telégrafos deve possuir os mesmos privilégios da Fazenda Pública no que diz respeito à impenhorabilidade de seus bens, rendas e serviços, e, ainda, que a execução contra a sobredita empresa pública deve obedecer ao regime de precatórios.

- **Privilégios processuais:** não possuem.
- **Regime de pessoal:** celetista, CLT.

- **Falências:** por imposição legal da Lei de Falências, as empresas públicas e as sociedades de economia mista não estão sujeitas à falência.

  Mencione-se que há forte crítica na doutrina entendendo que deveriam se submeter ao regime falimentar as empresas públicas e as sociedades de economia mista que explorem atividade econômica.

  Muito importante registrar o entendimento recente do STF no RE nº 627.242 AgR, que diz que "é aplicável às companhias estaduais de saneamento básico o regime de pagamento por precatório (art. 100 da Constituição), nas hipóteses em que o capital social seja majoritariamente público e o serviço seja prestado em regime de exclusividade e sem intuito de lucro".

3.7.4.2 Principais semelhanças entre as empresas públicas e as sociedades de economia mista

- Mesmo tratamento para criação e extinção.
- Personalidade jurídica de direito privado.
- Regime híbrido.
- Sujeição ao controle estatal.
- Vinculação aos fins definidos na lei instituidora.

3.7.4.3 Principais diferenças entre a sociedade de economia mista e as empresas públicas

Competência para julgamento de suas ações, enquanto para as sociedades de economia mista será a Justiça Estadual, as empresas públicas deverão ter suas ações julgadas pela Justiça Federal.

Nas empresas públicas, o capital é exclusivamente público, enquanto nas sociedades de economia mista o capital é privado e público.

As sociedades de economia mista serão sempre instituídas na forma de Sociedade Anônima, enquanto as empresas públicas poderão ter qualquer forma empresarial admitida em Direito.

3.8 Setores da economia

- Primeiro setor: encontra-se o Estado.
- Segundo setor: encontra-se o mercado.
- Terceiro setor: encontram-se as entidades de natureza privada sem fins lucrativos.
- Quarto setor: encontra-se a economia informal.

3.9 Entes de cooperação

Entes de cooperação ou entidades paraestatais são pessoas jurídicas de direito privado que, embora não façam parte da Administração Pública, prestam, sem fins lucrativos, serviços de interesse do Estado.

São entes de cooperação: os serviços sociais autônomos, as entidades de apoio, as organizações sociais e as organizações da sociedade civil de interesse público.

3.9.1 Serviços sociais autônomos

Compõem o chamado sistema "S". São pessoas jurídicas de direito privado instituídas por lei, não integrantes da Administração Pública e que exercem atividades relacionadas a assistência e ensino de certas categorias profissionais, mantendo-se por meio de dotação orçamentária ou contribuições parafiscais.

Principais aspectos:

- criadas por lei;
- prestação de serviço público sem fins lucrativos ligados a entidades profissionais ou grupo social;
- recursos oriundos de contribuições fiscais, bem como dotação orçamentária do Poder Público;
- empregados celetistas;
- prestação de contas ao Tribunal de Contas;
- para fins penais seus empregados são equiparados a servidores públicos;
- não gozam de privilégios administrativos e nem processuais;
- podem assumir a forma de fundação, sociedade civil, associação civil, dentre outras;
- devem seguir as regras de licitação ou disciplina própria criada pela entidade e aprovada pelo Tribunal de Contas;
- exemplos: SESI, SESC, SENAC, SENAI, SEBRAE etc.

3.9.2 Entidades de apoio

São pessoas jurídicas de natureza privada que exercem, sem fins lucrativos, atividade social ou serviços sociais não exclusivos do Estado relacionados a ciência, pesquisa, saúde e educação. Normalmente atuam junto a hospitais públicos e universidades públicas.

São instituídas na forma de fundação de regime privado e se sujeitam à fiscalização do Ministério Público.

Não precisam licitar e nem fazer concurso público para admissão de pessoal.

3.9.3 Organizações sociais – OS

Maria Sylvia Zanella Di Pietro (2013, p. 569) conceitua organizações sociais como "pessoas jurídicas de direito privado, sem fins lucrativos, instituídas por iniciativa de particulares, para desempenhar serviços sociais não exclusivos do Estado com o incentivo e fiscalização do Poder Público, mediante vínculo jurídico instituído por meio de contrato de gestão".

Tais organizações seguem uma espécie de parceria entre o Estado e a pessoa jurídica de direito privado que presta serviço sem fins lucrativos e de interesse público. Para que o Estado possa celebrar o contrato de gestão com a organização social, faz-se necessário que a atividade desenvolvida pela organização esteja relacionada com a educação, a saúde, a cultura, a pesquisa científica, o desenvolvimento tecnológico e a preservação do meio ambiente.

Principais aspectos:

- instituída por meio do contrato de gestão (não se confunde com delegação) mediante previsão legal;
- prestação de serviço público sem fins lucrativos ligados a educação, saúde, cultura, pesquisa científica, desenvolvimento tecnológico e preservação do meio ambiente;
- recursos oriundos de dotações orçamentárias do Poder Público;
- podem receber bens públicos mediante permissão de uso e até mesmo cessão de servidores;
- licitação para a Administração celebrar o contrato de gestão;
- dispensada a necessidade de licitação se o serviço estiver previsto no contrato de gestão;
- para fins penais seus empregados são equiparados a servidores públicos;
- não gozam de privilégios administrativos e nem processuais;
- podem assumir a forma de fundação, sociedade civil, associação civil, dentre outras; devem ser fiscalizadas por quem celebrou o contrato de gestão, devendo tais informações serem repassadas ao Tribunal de Contas pelo responsável.

3.9.4 Organizações da Sociedade Civil de Interesse Público – OSCIP

A Lei n° 9.790/1999 criou a possibilidade de se formar as organizações da sociedade civil de interesse público, que, assim como os outros entes de cooperação, são pessoas jurídicas de direito privado, instituídas por particular, sem fins lucrativos, para pretensões de serviços sociais não exclusivos do Estado.

O vínculo jurídico com a Administração ocorre por meio do denominado termo de parceria, que estabelece os direitos e obrigações de cada parte.

A Lei n° 9.790/1999 não prevê expressamente dotação orçamentária para estas entidades OSCIPs, embora haja previsão de possibilidade de recursos do Estado serem disponibilizados em conta bancária.

A lei também não faz nenhuma previsão para disponibilidade de servidores.

3.10 Jurisprudência dos tribunais superiores acerca do tema estudado

> Súmula n° 8, STF: Diretor de sociedade de economia mista pode ser destituído no curso do mandato.

> Súmula n° 79, STJ: Os bancos comerciais não estão sujeitos a registro nos Conselhos Regionais de Economia.

> Súmula n° 275, STJ: O auxiliar de farmácia não pode ser responsável técnico por farmácia ou drogaria.

> Súmula n° 413, STJ: O farmacêutico pode acumular a responsabilidade técnica por uma farmácia e uma drogaria ou por duas drogarias.

Súmula nº 525, STJ: A Câmara de vereadores não possui personalidade jurídica, apenas personalidade judiciária, somente podendo demandar em juízo para defender os seus direitos institucionais.

Súmula nº 561, STJ: Os conselhos regionais de Farmácia possuem atribuição para fiscalizar e autuar as farmácias e drogarias quanto ao cumprimento da exigência de manter profissional legalmente habilitado (farmacêutico) durante todo o período de funcionamento dos respectivos estabelecimentos.

4

Poderes da Administração Pública – agentes

4.1 Poderes e deveres da Administração Pública e dos administradores

Ao estudarmos os poderes da Administração e de seus gestores, ou seja, dos administradores, *mister* se faz verificar dois aspectos de fundamental importância: prerrogativas e sujeições.

As prerrogativas nada mais são do que os privilégios concedidos à Administração para melhor gerir a atividade administrativa e assim alcançar o fim público.

Já as sujeições são certas limitações que sofrerá a Administração. Tais limitações são impostas para garantir os direitos e liberdades dos cidadãos, respeitando o Estado de Direito.

Sendo assim, as prerrogativas que a Administração possui para melhor desempenhar a função administrativa são chamadas de Poderes Administrativos ou Poderes da Administração. Esses poderes são instrumentos ou mecanismos que viabilizam o exercício efetivo da atividade administrativa em prol do interesse da coletividade.

Vale salientar que o leitor deve observar a diferença entre Poderes da Administração e Poderes do Estado, já que estes dizem respeito à função tripartida de Montesquieu, enquanto aqueles dizem respeito aos instrumentos e mecanismos de persecução do desenvolvimento da ótima atividade estatal.

Nas palavras do eminente professor José dos Santos Carvalho Filho (2013, p. 51), poderes administrativos são "o conjunto de prerrogativas de direito público que a ordem jurídica confere aos agentes administrativos para o fim de permitir que o Estado alcance seus fins".

4.2 Formação do poder administrativo

A atividade estatal é *munus* público, é tarefa que não cabe ao administrador escolher se deve ou não desempenhar.

Tratando-se de interesse público, que, como já vimos, é indisponível, o administrador terá o dever de agir. Agir em função da coletividade não é faculdade do agente da Administração, mas, sim, dever.

A partir da ideia de dever, a doutrina entende que o poder que o agente da Administração detém como prerrogativa de melhor desenvolver a atividade administrativa é, na verdade, um poder-dever.

Para Celso Antônio Bandeira de Mello (2009, p. 72), o que majoritariamente é chamado pela doutrina de poder-dever deveria ser chamado de dever-poder, em função da indisponibilidade do interesse público.

4.2.1 Deveres do administrador

São os seguintes os deveres do administrador público:

a) **poder-dever de agir:** significa dizer que o poder administrativo, ao ser conferido ao administrador, deve ser obrigatoriamente utilizado para perseguir o fim público;

b) **dever de eficiência:** é o dever que exige ao administrador público otimizar sua atividade, empenhar esforços para que se alcancem os máximos objetivos com o mínimo de dispêndio;

c) **dever de probidade:** é o dever que exige do administrador público lisura de seus atos, devendo respeitar os ditames da ética, da moral e da boa-fé em toda sua conduta;

d) **dever de prestar contas:** exige que o administrador preste contas de seus atos aos órgãos de controle, bem como junto à coletividade.

4.3 Poderes da Administração e do administrador

Quanto ao grau de liberdade de atuação, os poderes administrativos poderão ser: poder vinculado e poder discricionário.

4.3.1 Poder vinculado

Poder vinculado é o poder que não permite ao administrador liberdade para definir se realiza ou não determinado ato. Na aplicação desse poder, o administrador não possui faculdade de escolhas.

4.3.2 Poder discricionário

O poder discricionário é aquele que permite ao administrador utilizar de liberdade e conveniência para sua atuação.

Ao contrário do que possa parecer, na atuação do administrador, utilizando-se do poder discricionário, ele também deverá agir de forma subordinada ao mandamento legal. Nesses casos a lei confere mais de uma possibilidade de atuação ao administrador.

A discricionariedade existirá quando a lei conferir liberdade de atuação ao administrador e quando utilizar conceitos jurídicos indeterminados.

Como forma de limitar o poder discricionário, a doutrina se utiliza dos princípios da razoabilidade e da proporcionalidade.

Segundo Celso Antônio Bandeira de Mello (2009, p. 829),

> No Estado de Direito inexiste um poder, propriamente dito, que seja discricionário furável pela Administração Pública, há atos em que a Administração Pública pode manifestar competência discricionária e atos a respeito dos quais a atuação administrativa é totalmente vinculada.

4.3.3 Poder regulamentar

Também chamado por alguns doutrinadores de poder normativo, poder regulamentar é o poder advindo da Constituição Federal e que confere ao Chefe do Poder Executivo a possibilidade de editar atos normativos como decretos e regulamentos.

Pela forma didática como Vicente Paulo e Marcelo Alexandrino (2014, p. 238) trabalharam o poder regulamentar, utilizaremos a classificação por eles escolhida que dividem a expressão do poder regulamentar em três categorias: decreto ou regulamento de execução; decreto ou regulamento autônomo; e decreto ou regulamento autorizado.

a) **Decreto de execução**: são regras jurídicas abstratas e impessoais que têm como finalidade a fiel execução da lei.

Devem ser restritos aos limites da lei, não podendo haver inovações ou contrariedade ao que vem disposto nela.

b) **Decreto autônomo ou regulamento autônomo:** são regras jurídicas de caráter primário, ou seja, podem inovar o mundo jurídico.

Excepcionalmente são aceitas no ordenamento jurídico brasileiro, tendo sido introduzida a possibilidade de edição do regulamento autônomo a partir da EC nº 32/2001, que alterou o art. 84, VI, da CF/1988, determinando que o Presidente da República disponha sobre a organização e o funcionamento da Administração Federal, desde que não implique aumento de despesas, criação ou extinção de órgãos públicos ou ainda extinção de funções ou cargos públicos que não estejam vagos.

c) **Regulamento autorizado:** parte da doutrina o chama de regulamento delegado. Expressão, porém, que deve ser evitada. Trata-se de ato normativo secundário que complementa o ato normativo primário, ou seja: a lei, naquilo que ela dispuser.

Normalmente, a tarefa de complementação é atribuída a um órgão executivo de alta especialidade técnica.

Não se confunde com as leis delegadas, já que estas são atos normativos primários.

4.3.4 Poder hierárquico

Poder hierárquico é o poder conferido ao administrador para escalonar verticalmente a Administração por meio de órgãos e funções nas quais são distribuídas as diversas competências.

Mais uma vez buscamos os ensinamentos de José dos Santos Carvalho Filho (2013, p. 69) para compreendermos melhor o sentido de hierarquia, que "é o escalonamento em plano vertical dos órgãos e agentes da Administração que tem como objetivo a organização da função administrativa".

Em virtude desse escalonamento de competência, posicionando os órgãos e funções de maneira vertical ou hierarquizada, a Administração permitiu aos seus órgãos e agentes a possibilidade de se utilizar dos institutos da delegação e da avocação.

Delegação é a possibilidade que tem a administração de transferir atribuições de um órgão para outro, sendo realizada em regra de órgão de posicionamento superior para órgão estruturado em posição inferior.

Avocação é o procedimento diametralmente inverso.

4.3.5 Poder disciplinar

O poder disciplinar está intimamente ligado ao poder hierárquico e consiste na possibilidade de a Administração poder aplicar punições em seus agentes que cometem infração funcional.

As principais penalidades disciplinares são: advertência, suspensão, demissão, cassação de aposentadoria ou disponibilidade, destituição de cargo em comissão, destituição de função comissionada.

A Administração não pode deixar de punir o agente que agir cometendo infração funcional. Não é liberdade da Administração, pois é ato vinculado. Deixando de aplicar a punição, o administrador poderá estar até mesmo praticando o crime capitulado no art. 320 do Código Penal (CP), de condescendência criminosa.

4.3.6 Poder de polícia

Atenção especial o leitor amigo deverá dispensar ao estudo do poder de polícia, que é o principal objeto de questionamentos em exames, como, de igual forma, na vida prática.

4.3.6.1 Noção de poder de polícia

Primeiramente, como forma de facilitar o entendimento do poder de polícia, necessário se faz saber que este poder está intimamente ligado com a ideia de que o meu direito termina onde se inicia o direito do próximo, sendo o próximo não só a figura individual de um outro administrado, mas também de toda a coletividade.

4.3.6.2 Conceito

O conceito legal de poder de polícia pode ser encontrado no Código Tributário Nacional (CTN), em seu art. 78, que assim o definiu:

> CTN, art. 78: Considera-se poder de polícia a atividade da Administração Pública que, limitando ou disciplinando direito, interesse ou liberdade, regula a prática de ato ou abstenção de fato em razão de interesse público concernente à segurança, à higiene, à ordem, aos costumes, à disciplina da produção e do mercado, ao exercício de atividades econômicas dependentes de concessão ou autorização do Poder Público, à tranquilidade pública ou ao respeito à propriedade e aos direitos individuais ou coletivos.

No conceito de Hely Lopes Meirelles (2008, p. 133), "poder de polícia é a faculdade de que dispõe a Administração Pública para condicionar e restringir o uso e gozo de bens, atividades e direitos individuais, em benefício da coletividade ou do próprio Estado".

4.3.6.3 Formas de expressão do poder de polícia

O poder de polícia pode ser expresso de forma preventiva, repressiva e fiscalizadora.

a) **Forma preventiva:** neste caso encontramos os atos normativos que possuem a função de coibir a atividade do particular em razão do interesse da coletividade. Exemplo disto são os atos que disciplinam horários e condições de vendas de bebidas alcoólicas.

b) **Forma repressiva:** atos em que a autoridade administrativa se utiliza da lei ou de seus regulamentos para reprimir ato ofensivo à coletividade. Como exemplo, tem-se o fechamento de estabelecimento comercial que não cumpre as regras da vigilância sanitária.

c) **Forma fiscalizadora:** fiscalização das condições de higiene de estabelecimento comercial. A prática da fiscalização de um estabelecimento empresarial por parte de auditores fiscais.

4.3.7 Polícia administrativa e polícia judiciária

A polícia administrativa tem como objetivo impedir ou paralisar atividades antissociais, incidindo sobre bens, direitos ou atividades dos particulares, enquanto a polícia judiciária tem como fim a ser perseguido a proteção da ordem pública com a devida responsabilização de seus infratores. A polícia judiciária se preocupa em enquadrar o fato praticado pelo agente criminoso ao tipo penal previsto em lei como crime.

4.3.7.1 Poder de polícia originário e delegado

Poder de polícia originário é aquele exercido pelas pessoas administrativas do Estado, sendo elas: a União, os Estados, o Distrito Federal e os Municípios.

Já o poder de polícia delegado é aquele exercido pela Administração Indireta.

Impende destacar que o poder de polícia não pode ser delegado a particulares, ainda que participantes da Administração Indireta.

4.3.7.2 Sanções do poder de polícia

São sanções cabíveis na aplicação do poder de polícia, dentre outras: multa, interdição de atividade, fechamento de estabelecimento, demolição de construção irregular, embargo administrativo de obra, inutilização de gêneros, apreensão e destruição de objetos.

4.3.7.3 Atributos do poder de polícia

São atributos do poder de polícia a discricionariedade, a autoexecutoriedade e a coercibilidade.

a) **Discricionariedade:** somente deve ser admitida em sentido lato, significando que a Administração, de acordo com a oportunidade e conveniência, poderá optar pela sua forma de atuação. Ilustrando esse atributo temos o exercício da fiscalização no qual a administração poderá optar como vai instrumentalizar o procedimento fiscalizatório. Atenção, pois a concessão de licença é ato vinculado.

b) **Autoexecutoriedade:** para definição desse atributo, utilizaremos Hely Lopes Meirelles (2007, p. 139), que nos diz que "a autoexecutoriedade consiste na possibilidade que certos atos administrativos ensejam de imediata e direta execução pela própria Administração, independentemente de ordem judicial".

A autoexecutoriedade deve ser verificada em consonância com a previsão legal ou com a urgência do caso concreto.

c) **Coercibilidade:** como atributo do Poder de Polícia, permite à Administração Pública agir de forma coativa para preservar os interesses da coletividade, independentemente de ordem judicial, podendo para isso utilizar-se até mesmo de força.

Observação

Dizer que a Administração pode agir independente de autorização judicial não significa dizer que o administrado não pode recorrer ao Judiciário para defender seus interesses ou direitos. É assegurado pela CF/1988 o acesso à Justiça a quem assim interessar.

4.3.7.4 Limites do poder de polícia

O exercício do poder de polícia não é ilimitado, e somente possuirá legitimidade se realizado de acordo com a lei, sendo assegurados aos administrados os direitos e garantias individuais respaldados constitucionalmente.

Como limite do poder de polícia encontramos também o princípio da proporcionalidade, entendendo que no exercício do poder de polícia o administrador deve adequar os meios utilizados aos fins almejados, considerando-se sempre o interesse da coletividade.

4.4 Uso e abuso de poder

Os poderes que possui a Administração são prerrogativas que lhe permitem atuar da melhor maneira para atingir o benefício da coletividade. Tais poderes devem ser utilizados segundo a disposição legal, respeitando ainda os preceitos morais e a finalidade.

Quando o administrador não se utiliza adequadamente de suas prerrogativas, estará caracterizado o abuso de poder.

Hely Lopes Meirelles (2007, p. 112) ensina que "o abuso do poder ocorre quando a autoridade, embora competente para praticar o ato, ultrapassa os limites de suas atribuições ou se desvia das finalidades administrativas".

O abuso de poder pode se dar por meio de atos comissivos, como por meio de atos omissivos.

4.4.1 Excesso de poder

O excesso de poder se dá quando o administrador age além ou fora dos limites de sua competência, invadindo esfera de competência alheia ou praticando ato além do que lhe permite a lei.

Aqui o requisito é violação de competência.

4.4.2 Desvio de poder

O desvio de poder também pode ser denominado como desvio de finalidade, é quando o agente da Administração pratica ato com finalidade diversa da pretendida pela lei.

Aqui o requisito é violação à finalidade.

4.5 Agentes públicos

Conforme o conceito de Vicente Paulo e Marcelo Alexandrino (2014, p. 126), "considera-se agente público toda pessoa física que exerça, ainda que transitoriamente ou sem remuneração, por eleição, nomeação, designação, contratação ou qualquer forma de investidura ou vínculo, mandato, cargo, emprego ou função pública".

4.5.1 Classificação dos agentes públicos

a) **Agentes políticos:** agentes políticos são componentes que se encontram na cúpula do Estado, fazem parte dos primeiros escalões do governo e normalmente possuem funções advindas do próprio texto constitucional.

b) **Agentes administrativos:** são os servidores e empregados públicos que exercem uma função pública de caráter permanente.

c) **Agentes honoríficos:** são os que ocupam função administrativa de forma transitória.

d) **Agentes delegados:** são os particulares que exercem função pública em atividade relacionada à descentralização por colaboração ou equiparada a serviço público.

e) **Agentes credenciados:** segundo Hely Lopes Meirelles (2007, p. 82), "são os que recebem a incumbência da Administração para representá-la em determinado ato ou praticar certa atividade específica, mediante remuneração do Poder Público credenciante".

5

Atos administrativos

5.1 Conhecendo o ato administrativo

Nas palavras do grande professor Hely Lopes Meirelles (2007, p. 152), ato administrativo é toda manifestação de vontade unilateral da Administração Pública e de seus delegatários que, agindo nessa qualidade, tenha por fim imediato adquirir, resguardar, modificar, extinguir e declarar direitos ou impor obrigações aos administrados ou a si própria.

Em outras palavras, disse o eminente doutrinador que ato administrativo é o meio pelo qual a Administração pratica atividade respaldada em lei com o desiderato de plenamente atender sua função estatal. Dessa forma, somente deve ser considerado ato administrativo o ato que tem como finalidade a execução precípua de atividade administrativa.

Ora, a Administração pode praticar diversos atos que não possuem a natureza administrativa propriamente dita, de forma que serão considerados atos da Administração em razão da pessoa que o pratica. Observe-se, portanto, que ato da Administração é bem mais amplo que ato administrativo, sendo este apenas uma espécie, dentre diversos outros atos, como: os atos de direito privado, doação, compra e venda, locação; os atos materiais da Administração de mera execução, como a demolição; os atos normativos da Administração, como decretos, portarias, resoluções, regimentos.

Resta claro que o critério atualmente adotado para definir ato administrativo é o objetivo, material ou funcional, que se sobrepõe ao subjetivo, como se depreende pela compreensão das linhas anteriores.

5.2 Elementos do ato administrativo

Tem-se que, por orientação do que se extrai do art. 2º da Lei nº 4.717/1965 – Lei de Ação Popular (LAP) –, os elementos dos atos administrativos são: competência, forma, objeto, motivo e finalidade. Registre-se que o que denominamos "elementos" são, por vezes, chamados por respeitosa doutrina de "requisitos". Preferimos a expressão "elementos" em razão do que traz a lei retromencionada.

Com a objetividade que é peculiar a este trabalho, passemos a tecer as pertinentes considerações do que vem a ser cada um dos elementos:

a) **competência (sujeito):** por competência, entenda-se sujeito competente, ou seja, agente capaz a quem a lei lhe atribui poderes para a prática do ato;

b) **forma:** tem-se por forma o meio pelo qual o ato se exterioriza para produzir seus efeitos;

c) **objeto:** o conteúdo exposto no ato administrativo é considerado seu objeto;

d) **motivo:** por motivo tem-se a razão pela qual se deu o ato administrativo;

e) **finalidade:** mesmo que reiterada razão de ser da Administração, a finalidade deverá ser o interesse público.

5.2.1 Delegação e avocação

Certamente, em algum momento de sua vida, você já ouviu falar em delegação; pois bem, delegação de competência é ato pelo qual o agente público ou um órgão da Administração transfere poderes para que outras pessoas recebam atribuições que lhes tornem aptas a praticarem atos que anteriormente eram da autoridade competente que os delegou.

Observando o ato de delegação, em regra, é realizado por meio da cessão de poderes de autoridade ou órgão hierarquicamente superior àquela que recebeu a delegação. De bom alvitre registrar que a delegação não retira da autoridade superior o poder que foi atribuído ao órgão inferior, pois possui o traço da precariedade.

No âmbito federal a Lei nº 9.784/1999 traz diversas regras para a delegação, informando, inicialmente, que a competência é irrenunciável e se exerce pelos órgãos administrativos a que foi atribuída como própria, salvo os casos de delegação e avocação legalmente admitidos.

Além disso, aponta a Lei do Processo Administrativo que tanto um órgão administrativo como o agente público poderão delegar parte da sua competência a outros órgãos ou titulares, sempre que não houver impedimento legal.

Outro balizamento apontado pela norma administrativa é dos casos que não são viáveis a delegação, como: a edição de atos de caráter normativo, a decisão de recursos administrativos, as matérias de competência exclusiva do órgão ou autoridade.

Em situação diametralmente oposta ao que se observou na delegação, encontra-se a avocação. Esta somente será permitida em situações excepcionais e devidamente justificadas, tendo a marca da precariedade o chamamento de competência que é própria de órgão hierarquicamente inferior.

5.2.2 Mérito do ato administrativo

A conduta do agente público é pautada no princípio da legalidade, ou seja, a Administração somente pode agir em consonância com o que determina a lei. Como um trem sobre os trilhos, a atividade administrativa percorre os ditames legais.

Ocorre que em certas situações a própria lei confere margem para a atuação do agente público, discricionariedade que, ao exercer seu *mister*, deverá observar a conveniência e a oportunidade para a realização de seus atos.

Relembrando os elementos, ou requisitos, dos atos administrativos nos deparamos com o motivo e o objeto, e são exatamente esses dois elementos que determinam o mérito administrativo. Por isso que somente atos discricionários é que podem ter análise do mérito administrativo, que só cabe ao próprio administrador. Observe que é a remansosa jurisprudência que afirma que não cabe ao Judiciário se imiscuir no mérito administrativo.

Assim, competência, finalidade e forma serão sempre estáticas e próprias do ato vinculado, já que a lei não lhe confere nenhuma margem para eventual escolha do administrador. Enquanto isso, motivo e objeto poderão variar, a depender do ato, uma vez que, em se tratando de ato discricionário, a lei lhe confere parcela de oportunidade e conveniência.

5.3 Atributos do ato administrativo

O ato administrativo é ato jurídico e tem como razão de ser o interesse público. Dessa forma, a fim de cumprir sua condição especial de meio de execução da atividade administrativa, o ato administrativo possui regime jurídico de direito público, o qual lhe confere uma série de prerrogativas, atributos.

É bom que se diga que os atributos, ou as prerrogativas, do ato administrativo funcionam de modo a permitir que a Administração exerça sua posição de superioridade frente ao particular, e com especial atenção à persecução dos interesses públicos.

Não há consenso na doutrina à enumeração de quais atributos efetivamente respaldam o ato administrativo. Pelo que se presta o presente trabalho, apresentaremos aqueles, dentre outros, normalmente apontados pela doutrina, como: autoexecutoriedade, presunção de legitimidade, imperatividade e tipicidade.

a) **Autoexecutoriedade:** é a imposição de eficácia imediata dos atos administrativos para que produza seus efeitos. Ressalte-se que a multa é exceção à executoriedade.

O STJ consignou, no MS nº 19.488/DF, que os atos administrativos gozam de autoexecutoriedade, possibilitando que a Administração Pública realize, por intermédio de meios próprios, a execução dos seus efeitos materiais, independentemente de autorização judicial ou do trânsito em julgado da decisão administrativa.

b) **Presunção de legitimidade:** presumem-se legítimos, perfeitos e em consonância com a lei os atos administrativos emanados pela Administração. Observe-se que é admissível prova em contrário.

A prerrogativa da presunção respalda até mesmo atos orais praticados por servidores públicos, considerados pelo Tribunal da Cidadania como atos administrativos. No HC nº 391.170, o STJ consignou à jurisprudência daquela Corte ser pacífica no sentido de inexistir fundamento do questionamento, *a priori*, das declarações de servidores públicos, uma vez que suas palavras se revestem, até prova em contrário, de presunção de veracidade e de legitimidade, que é inerente aos atos administrativos em geral.

c) **Imperatividade:** os atos administrativos gozam de coercibilidade, em virtude da posição de superioridade própria da Administração.

d) **Tipicidade:** os atos administrativos possuem previsão legal e devem estar delimitados pela lei.

5.4 Classificação dos atos administrativos

Quanto às prerrogativas:

- **Atos de império:** balizados por regras de direito público, são atos próprios da atividade da Administração, gozando de todas as prerrogativas pautadas na supremacia do interesse público.
- **Atos de gestão:** atos que normalmente estão relacionados às funções de mero expediente, pautam a Administração em mesmo nível que o particular.

Quanto à formação de vontade:

- **Atos simples:** são formados pela declaração de vontade de um único órgão. Exemplo: a nomeação de um servidor pelo prefeito municipal.
- **Atos compostos:** são provenientes da manifestação de dois ou mais órgãos, em que a vontade de um é instrumento para a manifestação do outro. Exemplo: nomeação do Procurador-Geral da República e sabatina do Senado Federal para aperfeiçoamento do ato.

- **Atos complexos:** são resultantes da fusão de vontade de dois ou mais órgãos, singulares ou colegiados, originando um único ato administrativo. Exemplo: parecer vinculativo do Advogado-Geral da União assinado pelo Presidente da República.

Quanto aos destinatários:

- **Atos gerais:** têm o condão de interferir em uma coletividade. Exemplo: portaria.
- **Atos singulares:** produzem seus efeitos apenas em casos específicos. Exemplo: demissão.

Quanto ao conteúdo:

- **Atos normativos:** buscam permitir ou regular a norma posta em lei ou na própria Constituição Federal. Exemplo: decreto.
- **Atos ordinários:** embora possam se apresentar aparentemente como ato normativo, são atos que visam trazer regra disciplinar de forma a agir sobre pessoa ou grupo determinado. Exemplo: portaria.
- **Atos negociais:** são atos que a Administração concede ao administrado verdadeira chancela para exercício de um direito. Exemplo: licença.
- **Ato punitivo:** decorrem do Poder de Polícia e possuem fundamento de aplicar sanção ao administrado. Exemplo: multa decorrente de infração.

Quanto aos efeitos:

- **Ato perfeito:** são atos que já ingressam no ordenamento aptos a produzirem todos os seus efeitos, vez que já concluíram integralmente seu processo de formação.
- **Ato imperfeito:** ato que não concluiu seu processo de formação, como, por exemplo, um ato administrativo que ainda carece de publicação em diário oficial para entrar em vigor.

- **Ato pendente:** ato que se encontra sujeito a condição ou termo para que inicie a produção de efeitos. Não se confunde com o ato imperfeito, vez que já tem completa sua formação, aguardando tão somente o momento da ocorrência da condição ou termo para que possa plenamente produzir seus efeitos.
- **Ato consumado:** ato administrativo que já produziu todos os efeitos que dele se esperava.

Interessante ponderar que diversas classificações são apresentadas pelos principais doutrinadores e estudiosos, de modo que este breve relato não tem a pretensão de querer ser o mais preciso e correto, até porque insistimos em apontar que a classificação nada mais é do que a forma de se ordenar didaticamente uma disciplina. Outros conceitos e nominações podem ser dados de forma diversa e, certamente, terão a mesma retidão que a que trazemos nesta oportunidade.

5.4.1 Alguns atos administrativos

a) **Autorização:** o ato administrativo pelo qual a Administração possibilita ao administrado o desempenho de atividade ou a prática de ato que dependem do seu consentimento.

Além dessa acepção, a autorização pode estar relacionada ao uso de bem público. Por fim, também utilizamos a expressão "autorização para delegação precária de serviço público".

b) **Licença:** ato administrativo vinculado pelo qual a Administração possibilita o exercício de determinada atividade, como ocorre com os taxistas.

c) **Permissão:** ato administrativo discricionário e precário, que pode ser realizado com ou sem ônus para o permissionário, pelo qual se possibilita ao particular a prestação de serviço público, como no caso de serviços de transportes urbanos.

d) **Homologação:** ato administrativo vinculado pelo qual se reconhece a legalidade de um ato jurídico para que ele produza plenamente seus efeitos.

5.5 Nulidade, revogação e convalidação

É dever da Administração anular seus atos quando eivados de vício de legalidade, e facultado revogá-los por motivo de conveniência ou oportunidade, respeitados os direitos adquiridos.

No entanto, a anulação dos atos administrativos pela Administração não pode ocorrer ao seu bel-prazer. Quando deles decorrem efeitos favoráveis para os destinatários decai em cinco anos o direito de anulação, contados da data em que foram praticados, salvo comprovada má-fé.

Em se tratando de efeitos patrimoniais contínuos, o prazo de decadência é contado da percepção do primeiro pagamento.

De bom alvitre registrar que a anulação produz efeitos retroativos, *ex tunc*. Já a revogação produz efeitos prospectivos, portanto, *ex nunc*.

Ao se falar de mácula dos atos administrativos, *mister* se ter em mente que a anulação e a revogação não são as únicas hipóteses de tratamento do ato. Os atos administrativos podem sofrer defeitos de mínima lesividade e em se evidenciando que não acarretam lesão ao interesse público e nem prejuízo a terceiros, tais atos poderão ser convalidados pela própria Administração.

6

Controle da Administração Pública

6.1 Noções introdutórias de controle

Inicialmente, *mister* se faz a verificação da ausência de um dispositivo isolado que preveja as hipóteses de controle da Administração Pública, o que dificulta o entendimento e a formação de um sistema mais ordenado e compreensível.

6.2 Conceito

É o poder-dever que possui a Administração ou qualquer outro órgão ou poder de velar, orientar e corrigir o exercício da atividade administrativa.

6.3 Classificação

Inicialmente, como já comentado anteriormente, a classificação que utilizaremos tem a mera função de tornar mais didático o aprendizado do leitor. Porém, outras classificações existem e certamente não serão consideradas erradas.

De qualquer sorte, utilizaremos aquela adotada por Hely Lopes Meirelles (2007, p. 673), por entender que seja a de melhor orientação pragmática, bem como a mais aplicável a exames.

6.3.1 Quanto à origem

a) **Controle interno:** é o exercido dentro de um mesmo poder, de forma automática por meio de seus órgãos e da hierarquia de seus integrantes. O controle finalístico também é forma de controle interno.

b) **Controle externo:** é o que ocorre quando um poder exerce o controle dos atos praticados por outro poder.

c) **Controle popular:** é o exercido pelo cidadão comum.

6.3.2 Quanto ao momento em que se efetua

a) **Controle prévio ou preventivo:** é o controle exercido antes do início da conduta ou antes de seu término, constituindo-se meio de validade do ato. Exemplo: aprovação prévia, por parte do Senado Federal, do Presidente e diretores do Banco Central.

b) **Controle concomitante:** é aquele efetuado enquanto o ato é realizado. O exemplo típico é do que ocorre nos contratos administrativos.

c) **Controle subsequente ou posterior ou corretivo:** é o que é exercido após a conclusão dos atos. Este controle permite que haja correção de eventuais defeitos dos atos administrativos. Exemplo: homologação de uma licitação.

6.3.3 Quanto ao aspecto controlado ou à natureza do controle

a) **Controle de legalidade ou de legitimidade:** por este controle, confronta-se a ordem legal ao ato normativo, verificando-se se este está em conformidade com a lei. Pode ser exercido por outro Poder ou pela própria Administração. A anulação produz efeitos *ex tunc*.

O ato nulo é incapaz de produzir efeito, exceto para os terceiros de boa-fé.

b) **Controle de mérito:** visa verificar a discricionariedade do ato, ou seja, a conveniência e a oportunidade. Em regra compete ao Poder que editou o ato, salvo as previsões expressamente elencadas em nossa CF/1988, art. 49.

6.3.4 Quanto à amplitude

a) **Controle hierárquico:** é típico do Poder Executivo e resulta do escalonamento vertical dos órgãos da Administração Direta e da Administração Indireta.

b) **Controle finalístico:** é o realizado pela Administração Direta sobre a pessoa da Administração Indireta criada pela primeira.

6.4 Controle exercido pela Administração sobre seus próprios atos

Normalmente chamado de controle administrativo, é o controle que a própria Administração realiza sobres seus atos. Pode ser exercido por qualquer um dos Poderes e deriva do poder-dever de autotutela, concretizando-se por meio da fiscalização e dos recursos administrativos, que poderão ser próprios ou impróprios.

Recurso hierárquico próprio é aquele dirigido à autoridade ou instância superior dentro do mesmo órgão, enquanto recurso impróprio seriam os recursos dirigidos a órgãos estranhos ao que impugnou o ato.

6.4.1 Direito de petição

Em geral, a doutrina ainda considera o direito de petição elencado no art. 5º da CF/1988 como direito de o administrado provocar o Administrador.

> Art. 5º, XXXIV, a, CF/1988: são a todos assegurados, independentemente do pagamento de taxas:
>
> a) o direito de petição aos Poderes Públicos em defesa de direitos ou contra ilegalidade ou abuso de poder;

Seriam espécie de direito de petição a representação, a denúncia e a reclamação administrativa, o pedido de reconsideração e a revisão.

a) **Representação:** é a denúncia de irregularidade feita perante a própria Administração com pedido de providências para que esta solucione o problema indicado.

b) **Denúncia:** em muito se assemelha à representação, porém, tem como intuito alterar autoridade administrativa.

c) **Reclamação administrativa:** é uma expressão genérica, utilizada para manifestar qualquer tipo de manifestação contrária ao ato da Administração.

d) **Pedido de reconsideração:** é a solicitação feita à própria autoridade que proferiu a decisão.

> Art. 56, Lei nº 9.784/1999: Das decisões administrativas cabe recurso, em face de razões de legalidade e de mérito.

> § 1º **O recurso será dirigido à autoridade que proferiu a decisão, a qual, se não a reconsiderar no prazo de cinco dias, o encaminhará à autoridade superior.** (Grifos nossos.)

e) **Revisão:** é a petição utilizada em face de decisão administrativa que aplicou uma sanção.

6.4.2 Processo administrativo

É a possibilidade que tem o administrado de ver revistos os atos impostos pela Administração.

Algumas leis exigem que o administrado preste garantias para oferecer a contestação do ato. Tal exigência já era apontada pela doutrina como inconstitucional, porém, o STF mudou seu entendimento somente em julgamento de abril de 2007.

Em regra, os recursos administrativos possuem efeito devolutivo e somente terão efeito suspensivo quando a lei assim o declarar.

> Art. 61, Lei nº 9.784/1999: Salvo disposição legal em contrário, o recurso não tem efeito suspensivo.

6.4.3 Princípios do processo administrativo

a) **Legalidade objetiva:** o processo administrativo deve ser conduzido na forma da lei.

b) **Oficialidade:** informa tal princípio que, mesmo o processo sendo iniciado por motivação do administrado, compete à Administração movimentar o processo até o fim.

c) **Informalismo:** os atos praticados no processo, especialmente aqueles realizados pelo administrado, não possuem maiores exigências formais e deverão ser sempre aproveitados.

d) **Verdade material:** o que importa saber dentro de um processo administrativo é o fato que se deu no mundo real.

Reformatio in pejus é admitida em fase de recurso, e não em revisão.

e) **Contraditório e ampla defesa:** por contraditório, entenda-se a possibilidade que é dada ao administrado de ter conhecimento de que está sendo acusado e poder se manifestar sobre tal acusação, enquanto ampla defesa é a possibilidade que tem o administrado de utilizar todos os meios e recursos para efetivar sua mais ampla defesa. Ambos decorrem do *due process of law*.

> Art. 5º, LV, CF/1988: Aos litigantes, em processo judicial ou administrativo, e aos acusados em geral são assegurados o contraditório e ampla defesa, com os meios e recursos a ela inerentes.

6.5 Controle legislativo

Também chamado de controle parlamentar, é o controle que o Poder Legislativo exerce sobre o Poder Executivo. É forma de controle externo.

> Art. 49, CF/1988: É da competência exclusiva do Congresso Nacional: (...)
>
> X – fiscalizar e controlar, diretamente, ou por qualquer de suas Casas, os atos do Poder Executivo, incluídos os da administração indireta.

O caro leitor deve verificar que, apesar da disposição pontual da norma constitucional retromencionada, o

Poder Legislativo não é hierarquicamente superior ao Poder Executivo.

As formas de controle exercidas pelo Poder Legislativo estão dispostas na CF/1988, sendo a primeira a ser considerada a do art. 49, V, da Norma Ápice que permite que o Congresso Nacional suste os atos normativos do Poder Executivo que exorbitem os limites da delegação legislativa.

> Art. 49, CF/1988: É da competência exclusiva do Congresso Nacional: (...)
>
> V – sustar os atos normativos do Poder Executivo que exorbitem do poder regulamentar ou dos limites de delegação legislativa;

Outra forma de controle que é de grande importância para a Administração Pública e reiteradamente vem sendo objeto de exame das bancas de concursos públicos é a que advém das Comissões Parlamentares de Inquérito (CPIs).

> Art. 58. O Congresso Nacional e suas Casas terão comissões permanentes e temporárias, constituídas na forma e com as atribuições previstas no respectivo regimento ou no ato de que resultar sua criação. (...)
>
> § 3º As comissões parlamentares de inquérito, que terão poderes de investigação próprios das autoridades judiciais, além de outros previstos nos regimentos das respectivas Casas, serão criadas pela Câmara dos Deputados e pelo Senado Federal, em conjunto ou separadamente, mediante requerimento de um terço de seus membros, para a apuração de fato determinado e por prazo certo, sendo suas conclusões, se for o caso, encaminhadas ao Ministério Público, para que promova a responsabilidade civil ou criminal dos infratores.

Segundo o STF, a CPI pode:

a) convocar investigados e testemunhas a depor;
b) determinar as diligências que entender necessárias;
c) requisitar informações a repartições públicas;
d) determinar quebra de sigilo fiscal, bancário e telefônico.

Segundo o STF, a CPI não pode:

a) decretar busca e apreensão domiciliar de documentos;
b) determinar a indisponibilidade de bens do investigado;
c) decretar prisão de qualquer pessoa, salvo em flagrante delito;
d) determinar interceptação telefônica.

6.5.1 O Poder Legislativo e o Tribunal de Contas

Inicialmente, vejamos o que dizem os arts. 70 e 71 da CF/1988:

> Art. 70, CF/1988: A fiscalização contábil, financeira, orçamentária, operacional e patrimonial da União e das entidades da administração direta e indireta, quanto à legalidade, legitimidade, economicidade, aplicação das subvenções e renúncia de receitas, será exercida pelo Congresso Nacional, mediante controle externo, e pelo sistema de controle interno de cada Poder.
>
> Parágrafo único. Prestará contas qualquer pessoa física ou jurídica, pública ou privada, que utilize, arrecade, guarde, gerencie ou administre dinheiros, bens e valores públicos ou pelos quais a União responda, ou que, em nome desta, assuma obrigações de natureza pecuniária.

Art. 71. O controle externo, a cargo do Congresso Nacional, será exercido com o auxílio do Tribunal de Contas da União (...).

Verifica-se que o controle interno é um controle de legalidade, oportunidade, conveniência e eficiência, enquanto o controle externo visa, de forma mais acentuada, a verificação da probidade da Administração e o emprego do dinheiro público, sem deixar de lado o controle de legalidade, principalmente na esfera contábil e financeira.

6.5.2 Tribunais de Contas

Os Tribunais de Contas são considerados órgãos da estrutura do Poder Legislativo, que os auxilia praticando atos com a natureza de controle.

A CF/1988 diz em seu art. 71 como deverá ser realizada a função de controle exercida pelo Tribunal de Contas da União (TCU).

O controle externo, a cargo do Congresso Nacional, será exercido com o auxílio do TCU, ao qual compete apreciar as contas prestadas anualmente pelo Presidente da República, mediante parecer prévio que deverá ser elaborado em 60 dias, a contar de seu recebimento.

Observe que a CF/1988 foi extremamente analítica ao definir as atribuições da Corte de Conta, indicou ainda a sua competência para julgar as contas dos administradores e demais responsáveis por dinheiros, bens e valores públicos da Administração Direta e Indireta, incluídas as fundações e sociedades instituídas e mantidas pelo Poder Público federal, e as contas daqueles que derem causa a perda, extravio ou outra irregularidade de que resulte prejuízo ao erário.

É dever do Tribunal de Contas apreciar, para fins de registro, a legalidade dos atos de admissão de pessoal, a qualquer título, na Administração Direta e Indireta, incluídas as fundações instituídas e mantidas pelo Poder Público, excetuadas as nomeações para cargo de provimento em comissão, bem como a das concessões de aposentadorias, reformas e pensões, ressalvadas as melhorias posteriores que não alterem o fundamento legal do ato concessório.

Também é dever dos Tribunais de Contas inspecionar e auditar as unidades administrativas dos três Poderes. A fim de promover eficientemente sua missão constitucional, as Cortes de Conta devem fiscalizar as contas das empresas que participem de forma direta ou indireta o ente federativo constitutivo ou que recebe recursos públicos mediante convênio, acordo, ajuste ou outros instrumentos congêneres.

Dentro do manancial de mecanismos de controle, é possível a aplicação de sanções aos que cometerem ilegalidades relacionadas a despesas ou tiverem irregularidades em suas contas. Ainda cabe à Corte de Contas o poder de sustar a execução dos atos impugnados, além do dever de representar ao Poder competente e ao próprio Ministério Público sobre as irregularidades ou abusos apurados.

Segundo entendimento doutrinário as contas dos Tribunais de Contas deverão ser julgadas pelo próprio tribunal. Porém o STF já entendeu que é constitucional a regra de constituição estadual que diz que pode a Assembleia Legislativa julgar as contas do Tribunal de Contas.

6.6 Controle judiciário

É o exercido pelos órgãos do Poder Judiciário sobre os atos administrativos praticados pelo Poder Executivo, pelo Poder Legislativo ou pelo próprio Poder Judiciário.

No exercício desta atividade de controle, faz-se necessária a provocação do Poder Judiciário para pronunciamento acerca da legalidade do ato e eventual declaração de sua nulidade, uma vez que é vedado ao Judiciário se imiscuir no mérito administrativo.

Quanto aos efeitos dos atos nulos, poderão excepcionalmente ser mantidos em relação a terceiros de boa-fé.

6.6.1 Remédios constitucionais

a) *Habeas corpus*: ação constitucional utilizada sempre que alguém sofrer ou se achar ameaçado de sofrer violência ou coação em sua liberdade de locomoção, por ilegalidade ou abuso de poder. Pode ser impetrado por qualquer pessoa, independente da condição de advogado, inclusive pelo próprio paciente, por menor ou por estrangeiro.

b) *Habeas data*: ação constitucional para assegurar o conhecimento de informações relativas à pessoa do impetrante, constante de registro ou banco de dados de entidades governamentais ou de caráter público, ou para retificação de dados, quando não se prefira fazê-lo por processo sigiloso, judicial ou administrativo. É ação personalíssima.

c) **Mandado de segurança:** para proteger direito líquido e certo não amparado por *habeas corpus* ou *habeas data* quando o responsável pela ilegalidade ou abuso de poder for autoridade pública ou agente de pessoa jurídica no exercício de atribuições do Poder Público. Qualquer pessoa física ou jurídica pode impetrar, mas somente por meio de advogado.

d) **Mandado de segurança coletivo:** instrumento que visa proteger direito líquido e certo de uma coletividade, quando o responsável pela ilegalidade ou abuso de poder for autoridade pública ou agente de pessoa jurídica no exercício de atribuições do Poder Público.

e) **Legitimidade para impetrar mandado de segurança coletivo:** organização sindical, entidade de classe ou associação legalmente constituída há, pelo menos, um ano, assim como partidos políticos com representação no Congresso Nacional. É de bom alvitre registrar que esta regra temporal vem sendo mitigada, admitindo-se excepcionalmente, legitimidade de entidades constituídas há menos de um ano.

O STF exige, ainda, que o objeto do instrumento mandamental tenha pertinência temática.

f) **Mandado de injunção:** poderá ser utilizado sempre que a falta de norma regulamentadora torne inviável o exercício dos direitos e liberdades constitucionais e das prerrogativas inerentes à nacionalidade, à soberania e à cidadania. Qualquer pessoa (física ou jurídica) pode impetrar, sempre por meio de advogado.

g) **Ação popular:** visa à anulação ou à declaração de nulidade de atos lesivos ao patrimônio público, à moralidade administrativa, ao meio ambiente, ao patrimônio histórico e cultural. A propositura cabe a qualquer cidadão brasileiro no exercício de seus direitos políticos.

7

Responsabilidade civil da Administração Pública

7.1 Responsabilidade civil

É forma obrigacional de indenizar um dano patrimonial causado por fato lesivo.

São seus elementos:

- fato lesivo causado pelo agente em decorrência de dolo ou culpa;
- ocorrência da lesão ao patrimônio ou à moral;
- nexo de causalidade entre o comportamento do agente e o dano.

A responsabilidade civil não deve ser confundida com a responsabilidade administrativa e nem com a responsabilidade penal. Cada uma é independente.

7.1.1 Evolução

7.1.1.1 Fase de irresponsabilidade do Estado

Própria dos regimes absolutistas, a responsabilidade do Estado não existia, uma vez que o rei não era passivo de cometer erros.

- **Responsabilidade com culpa civil comum do Estado:** nessa fase, o Estado indenizaria o indivíduo, desde que este conseguisse comprovar o dolo ou culpa dos agentes do Estado.

7.1.2 Espécies de teorias da responsabilidade civil do Estado

7.1.2.1 Teoria da culpa administrativa

Representou o primeiro passo para o entendimento de responsabilidade do Estado que temos hoje. Segundo a teoria da culpa administrativa, o dever do Estado indenizar somente existiria se ocorresse falha no serviço estatal devidamente comprovada pelo particular, devendo, ainda, essa falha ser evidenciada em decorrência de dolo ou culpa da Administração.

7.1.2.2 Teoria do risco administrativo

Pela teoria do risco administrativo, surge a obrigação do Estado de reparar economicamente o dano sofrido pelo particular em virtude do ato lesivo da Administração.

Por esta teoria, presume-se a responsabilidade da Administração de acordo com o nexo causal. Entretanto, poderá a Administração afastar a sua responsabilidade se conseguir comprovar culpa exclusiva do particular ou ainda atenuá-la se conseguir demonstrar que o particular concorreu para a existência do ato lesivo.

7.1.2.3 Teoria do risco integral

Pela teoria do risco integral a responsabilidade da Administração seria completa, independente de dolo ou culpa, de concorrência do particular para a existência do fato lesivo, ou mesmo da culpa exclusiva deste.

Para maior parte da doutrina, verifica-se a distinção entre a teoria do risco administrativo e a teoria do risco integral, sendo a primeira aplicada coerentemente em nosso Direito.

7.1.3 Responsabilidade objetiva

A previsão da responsabilidade civil objetiva da Administração vem insculpida na Norma Constitucional.

> Art. 37, § 6º, CF/1988: As pessoas jurídicas de direito público e as de direito privado prestadoras de serviços públicos responderão pelos danos que seus agentes, nessa qualidade, causarem a terceiros, assegurado o direito de regresso contra o responsável nos casos de dolo ou culpa.

Primeiramente, deve-se verificar que o dispositivo se aplica a todas as pessoas jurídicas de direito público da Administração Direta ou Indireta, bem como àqueles que compõem a chamada descentralização por colaboração, excetuando-se as empresas públicas e sociedades de economia mista que explorem a atividade econômica.

Somente se aplica aos atos comissivos dos agentes da Administração.

Por agente, entende-se não somente os servidores públicos, mas também aqueles que são empregados de particulares que prestam serviço público, como as concessionárias.

O STF se posiciona quanto à responsabilidade do Estado frente às atividades desenvolvidas pelo concessionário, permissionário ou autorizado. Em outras palavras, a concessão ou permissão do serviço não isenta eventual responsabilidade estatal.

O que interessa é a qualidade de agente para cumprimento da condição de nexo causal, independente se esse agente agiu com arbitrariedade ou abuso.

A responsabilidade da Administração fica excluída se ela comprovar culpa exclusiva do particular, pois inexiste nexo causal.

7.1.4 Responsabilidade subjetiva da Administração

Nem sempre a responsabilidade da Administração Pública é objetiva. A responsabilidade pelos danos causados por atos de terceiros ou fenômenos da natureza, bem como na omissão de seus agentes é subjetiva.

Cabe ao particular que sofreu o dano decorrente da inércia administrativa provar que a atuação normal da Administração teria evitado a ocorrência do dano.

- **STF** – A culpa não precisa ser individualizada, ou seja, não precisa a vítima demonstrar qual foi o agente que atuou com negligência, imprudência ou imperícia. É o que se chama pela doutrina de culpa anônima.

Dano nuclear, art. 21, inciso XXIII, *d*, da CF/1988 diz que a responsabilidade civil por danos nucleares independe da existência de culpa.

7.1.5 Força maior e caso fortuito

Ponto divergente na doutrina, inclusive quanto ao que significa cada uma das situações, ou seja, a definição do que seja força maior e do que seja caso fortuito. Resumiremos tão simplesmente na orientação dada pelo STF, que não estabelece diferença entre os dois e aponta-os como excludente de responsabilidade civil objetiva.

7.2 Atos legislativos

Em regra, por sua abstração e generalidade, o Estado não é responsabilizado pela sua atividade legislativa, inclusive porque tal atividade é soberana e está limitada apenas às disposições constitucionais.

Entretanto, existem duas possibilidades que a doutrina e a jurisprudência entendem como geradoras de responsabilidade civil do Estado. São elas:

a) edição de leis inconstitucionais;
b) edição de leis de efeitos concretos.

7.3 Atos jurisdicionais

Os atos jurisdicionais, em regra, não se submetem às regras de responsabilidade civil do Estado.

Os atos praticados por juízes, e que não estão relacionados à atividade jurisdicional, estarão submetidos às regras de responsabilidade civil, vez que ato administrativo em sentido ordinário.

A exceção a essa regra deve ser a considerada quanto aos erros judiciais na área criminal, pois existe previsão constitucional para isso, senão, vejamos:

> Art. 5º, LXXV, CF/1988: o Estado indenizará o condenado por erro judiciário, assim como o que ficar preso além do tempo fixado na sentença.

7.4 Responsabilidade civil da Administração por dano ambiental

Ao fim do ano de 2021, o STJ editou seu Enunciado Sumular n° 652, cujo teor é o seguinte: "A responsabilidade da administração por dano ao meio ambiente decorrente de sua omissão no dever de fiscalização é de caráter solidário, mas de execução subsidiária".

É de bom alvitre registrar que a expressão "dano ao meio ambiente" não se restringe aos danos causados exclusivamente ao meio ambiente natural, mas a todas as dimensões do meio ambiente, considerados os aspectos de urbanismo, trabalho e cultural.

De grande valia a consolidação do entendimento jurisprudencial assentado pela novel súmula, uma vez que a responsabilidade solidária e de execução subsidiária atribuída ao Poder Público determina que, em caso de omissão estatal no dever de fiscalizar, deverá ser responsabilizado pela obrigação de reparar o dano.

Ressaltamos a curiosa expressão levada a cabo em sua súmula, vez que aponta a solidariedade da obrigação, mas concede ao Estado uma espécie de "benefício de ordem" ao indicar a necessidade de execução subsidiária. Em outras palavras, o ente somente será responsabilizado quando o degradador original não cumprir a obrigação reparatória.

7.5 Ação regressiva do Estado contra o agente

Havendo dolo ou culpa, poderá o Estado ajuizar ação regressiva contra o agente causador do dano.

7.6 Responsabilidade civil, penal e administrativa

A priori, pode ser o agente responsabilizado na esfera administrativa, penal e civil por seus atos. Em regra, a responsabilização é independente entre as três esferas.

Atenção especial deve ter o leitor para os efeitos causados pelas decisões judiciais proferidas pelo juízo criminal.

a) **Condenação criminal do servidor:** produzirá efeitos nas esferas penal e administrativa.

b) **Absolvição pela negativa de autoria ou inexistência do fato:** produzirá efeitos nas esferas penal e administrativa.

c) **Absolvição pela ausência de culpabilidade ou por insuficiência de provas:** não interfere nas demais esferas.

7.7 Jurisprudência dos tribunais superiores acerca do tema estudado

> Súmula nº 652, STJ: A responsabilidade civil da Administração Pública por danos ao meio ambiente, decorrente de sua omissão no dever de fiscalização, é de caráter solidário, mas de execução subsidiária.
>
> Súmula nº 647, STJ: São imprescritíveis as ações indenizatórias por danos morais e materiais decorrentes de atos de perseguição política com violação de direitos fundamentais ocorridos durante o regime militar.
>
> Súmula nº 624, STJ: É possível cumular a indenização do dano moral com a reparação econômica da Lei nº 10.559/2002 (Lei da Anistia Política).

8

Serviços públicos

8.1 Conceito de serviços públicos

Serviço público é a atividade que é desenvolvida com o fim de atender necessidades e interesses da coletividade, podendo ser realizado pelo Estado de forma direta ou indireta, bem como por particulares.

Existem três correntes que conceituam serviços públicos na doutrina internacional, são elas: corrente essencialista, corrente formalista e corrente subjetiva.

Segundo a corrente essencialista, como o próprio nome diz, é serviço público tudo aquilo que for essencial para os administrados.

Já a corrente formalista considera serviço público tudo aquilo que a Constituição ou as leis assim definirem.

Existe, ainda, de forma superada, a corrente subjetiva que considera serviço público todo serviço prestado diretamente pelo Estado.

Dessa forma, verifica-se a existência de três acepções de serviço público, são elas:

a) **material:** que diz que será serviço público toda atividade que possuir natureza essencial para a coletividade, daí a nominação de escola essencialista;

b) **subjetiva:** que diz que todo serviço que é prestado pelo Estado é serviço público, por isso o nome recebido de escola subjetiva;

c) **formal:** que diz que é serviço público tudo o que a Constituição ou as leis disserem ser, por esta razão, recebe a denominação escola formalista.

8.2 Princípios

Quanto aos serviços públicos, verifica-se a existência de vários princípios comuns aos existentes junto à Administração Pública, como legalidade, impessoalidade, moralidade, publicidade, eficiência, razoabilidade, proporcionalidade, finalidade, dentre outros.

Conforme a Lei nº 8.987/1995, outros princípios existem e estão ligados diretamente aos serviços públicos, são eles:

a) **Princípio do dever inescusável do Estado de promover-lhe a prestação dos serviços públicos:** por esse princípio o Estado fica obrigado a prestar o serviço público de forma direta ou indireta, ou ainda por meio de terceiros.

b) **Princípio da supremacia do interesse público:** em razão deste princípio-matriz, os interesses da coletividade, em regra, sobrepõem-se aos interesses dos particulares.

c) **Princípio da eficiência:** por tal regramento o serviço público deve se mostrar eficiente, atendendo os aspectos que relevam um serviço de excelência.

d) **Princípio da atualização:** tal princípio determina que "atualidade compreende a modernidade das técnicas, do equipamento e das instalações e a sua conservação, bem como a melhoria e expansão do serviço", consoante o art. 6º, § 2º, da Lei nº 8.987/1995.

e) **Princípio da universalidade:** por este princípio o serviço público deve estar disponível a todos os administrados indistintamente. Relaciona-se com os princípios da impessoalidade e da isonomia.

f) **Princípio da transparência:** determina que os serviços públicos devem ser prestados de forma transparente, com informações para que a coletividade possa entender o custo, efetuar controle e exercer os direitos de cidadania. Relaciona-se com os princípios da motivação e publicidade.

g) **Princípio do controle:** por este princípio os serviços públicos poderão ser fiscalizados pela própria Administração, pelos demais Poderes do Estado, bem como pelo cidadão.

h) **Princípio da modicidade:** determina que as tarifas devem ser cobradas por preços acessíveis a toda a população.

i) **Princípio da mutabilidade do regime:** princípio que autoriza a mudança no regime de serviço público para adaptá-lo ao interesse público.

j) **Princípio da continuidade:** conforme visto no Capítulo 2 deste livro, tal princípio determina que a prestação do serviço público seja desenvolvida de forma perene. Admite as seguintes exceções: por força maior ou fenômeno da natureza, além de situações de emergência ou se o usuário não oferecer condições técnicas; inadimplemento do usuário e reparos técnicos mediante prévio aviso, bem como exceção do contrato não cumprido após 90 dias.

Para alguns doutrinadores, o que chamamos aqui de princípio na verdade seriam requisitos dos serviços públicos.

8.3 Direitos e obrigações do usuário

O usuário, conforme o art. 7º da Lei nº 8.987/1995, possui os seguintes direitos e deveres:

a) receber serviço adequado;

b) receber do Poder concedente e da concessionária informações que possam servir para a defesa de seus interesses;

c) quando for o caso, possuir várias opções de fornecedores de serviço público;

d) levar ao conhecimento dos prestadores do serviço quaisquer irregularidades de que tiver conhecimento;

e) comunicar às autoridades competentes os atos ilícitos de que tiver conhecimento relacionado à prestação do serviço;

f) contribuir para a permanência das boas condições dos bens públicos por meio dos quais lhes são prestados os serviços.

8.4 Imposição de competência pela Constituição

A competência para a prestação de alguns dos serviços públicos está determinada pela própria CF/1988 nos seus arts. 21, 23, 25, §§ 1º e 2º, e 30.

Para os demais casos deverá ser verificada pontualmente se o serviço está relacionado ao interesse nacional, regional ou local. Para os serviços de interesse nacional a competência é da União, para os serviços públicos de interesse regional a competência é do Estado e para os de interesse local a competência é do Município.

8.5 Classificação

Insistimos, mais uma vez, na questão da classificação, que poderá ser elencada de forma diversa ao que está aqui disposto. Utilizaremos parte da classificação de Vicente Paulo e Marcelo Alexandrino (2014, p. 723), que segue julgado do STF.

a) **Serviços públicos propriamente estatais:** são os exercidos exclusivamente pelo Estado e, portanto, indelegáveis. Tais serviços poderão somente ser remunerados por taxa. Exemplo: serviço judiciário.

b) **Serviços públicos essenciais ao interesse público:** são serviços de interesse geral da coletividade e que são remunerados mediante taxa. Tal tributo incidirá de acordo com a utilização do serviço ou a possibilidade de utilizá-lo. Exemplo: coleta domiciliar de lixo;

c) **Serviços públicos não essenciais:** são, em regra, delegáveis e podem ser remunerados por tarifa: Exemplo: serviço telefônico, serviço de fornecimento de energia elétrica, serviço postal.

Outra classificação, já de maior consenso na doutrina, é a que diz que os serviços públicos podem ser gerais ou singulares.

a) **Serviços gerais ou *uti universi*:** os ditos serviços gerais são aqueles que são prestados indistintamente a toda coletividade. Exemplo: policiamento urbano, iluminação pública.

b) **Serviços individuais ou *uti singuli*:** são individuais os serviços que podem ser prestados a um número determinado de pessoas. Exemplo: serviço telefônico, serviço de fornecimento de energia elétrica.

8.6 Formas de prestação do serviço público

Os serviços públicos podem ser prestados de forma centralizada e descentralizada. Será centralizada a prestação do serviço público realizado pela Administração Direta, enquanto será descentralizada a prestação de serviços públicos desenvolvida pela Administração Indireta, bem como por particulares no que se chama de descentralização por colaboração, que é o caso das concessionárias e permissionárias.

Muita atenção do amigo leitor para que não faça confusão quando se deparar com expressões que disciplinam a forma de prestação de serviço público, como direta ou indireta.

Será direta a prestação do serviço público realizada pela Administração Pública, seja Administração Direta ou Indireta, enquanto será indireta a prestação do serviço público prestada pelos concessionários e permissionários.

Quanto à prestação do serviço público, os conceitos utilizados no estudo da Organização da Administração poderão ser utilizados neste estudo.

8.7 Delegação do serviço público

Inicialmente, *mister* chamar a atenção para a diferença existente nas terminologias referentes à titularidade do serviço e à titularidade da prestação do serviço.

A titularidade do serviço será definida conforme a determinação constitucional, podendo pertencer a Administração ou a particulares. No caso dos serviços de titularidade da Administração, esta somente poderá transferir a titularidade da prestação do serviço, permanecendo a Administração como titular.

A transferência da prestação dos serviços públicos se dará por meio de delegação, podendo a Administração se utilizar dos institutos da concessão, da permissão e da autorização.

8.8 Concessão de serviço público

É considerada a forma mais importante de delegação de serviço público e está definida no art. 2º, II, da Lei nº 8.987/1995 como forma de transferência da titularidade para a prestação de serviços públicos, na qual o Poder Concedente delega à pessoa jurídica ou consórcio de empresas que demonstrem capacidade para o desenvolvimento da atividade a prazo certo a prestação do serviço público.

A delegação não se confunde com a outorga, pois esta configura a transferência da titularidade do serviço.

A doutrina também considera as parcerias público-privadas como forma de concessão.

8.8.1 Poder concedente

Segundo a Lei nº 8.987/1995, é o ente político que possui competência para delegar a prestação do serviço público.

8.8.2 Direitos e obrigações do poder concedente

a) **Poder de inspeção e fiscalização:** é o poder que tem o Poder Concedente de estar a par da prestação do serviço realizado pela concessionária.

b) **Poder de alteração unilateral das cláusulas regulamentares:** configura-se cláusula exorbitante que permite ao Poder Concedente alterar unilateralmente o contrato de concessão celebrado com a concessionária.

c) **Poder de extinguir a concessão antes do prazo final:** também é cláusula exorbitante, permite ao Poder Concedente extinguir o contrato antes do prazo inicialmente celebrado;

d) **Poder de intervenção:** excepcionalmente, para proteger o interesse da coletividade, o Poder Concedente poderá intervir na prestação do serviço público;

e) **Poder de aplicar sanções:** decorrente do poder disciplinar, permite ao Poder Concedente penalizar as concessionárias quando inadimplentes com suas obrigações.

Em virtude do movimento de privatização ocorrido no Brasil, as agências reguladoras foram criadas para fiscalizar tais concessões.

8.8.3 Direitos e obrigações do concessionário

a) Direito de lucro.

b) Direito de contratar terceiros para colaborar no desenvolvimento de atividades relacionadas ao objeto da concessão.

c) Obrigação de manutenção do equilíbrio econômico-financeiro do contrato.

d) Obrigação de prestar o serviço público de forma adequada.

e) Obrigação de cumprir as normas contratuais.

f) Obrigação de facilitar a fiscalização pelo Poder concedente.

g) Obrigação de promover desapropriações e constituir servidões.

h) Obrigação de zelar pelos bens vinculados ao serviço.

i) Obrigação de gerir da melhor forma possível os recursos financeiros.

8.8.4 Responsabilidade civil das concessionárias x Estado

A responsabilidade civil das concessionárias é objetiva em relação aos atos comissivos de seus agentes, e subjetiva em relação aos atos omissivos. O Estado responde subsidiariamente.

O Estado não responde pelas contratações celebradas pela concessionária, devendo tais contratos ser regidos pelas normas de direito privado.

8.8.5 Direitos e obrigações do usuário

a) Direito de receber serviço adequado.

b) Direito de receber do Poder Concedente informações para defesa de seus interesses.

c) Direito de ter vários fornecedores.

d) Direito a um serviço de qualidade.

e) Direito de escolher o dia do vencimento.

f) Direito a participar do sistema de fiscalização.

8.8.6 Concessão x prestação de serviços

Na concessão há transferência da titularidade da prestação do serviço público, enquanto na prestação de serviço a mera contratação do desenvolvimento de algum serviço pontual em favor da própria Administração e da coletividade, similar ao que denominamos terceirização.

8.8.7 Licitação

Antes de se estabelecer a concessão da prestação do serviço público é necessário que haja a previsão legal, de acordo com o princípio da legalidade, de que aquele determinado serviço poderá ser delegado a um concessionário.

O ato que constituirá a possibilidade de concessão deverá ser publicado, justificando sua conveniência. Verifica-se a relação com outros dois princípios, quais sejam: o da publicidade e o da motivação.

Como a concessão de serviço público é realizada por meio da celebração de um contrato administrativo, este deverá ser precedido de procedimento licitatório.

A Lei n° 8.987/1995 diz que a modalidade de licitação a ser realizada é a de concorrência ou diálogo competitivo com os parâmetros estabelecidos pela Lei de Licitações.

Quando se tratar de serviço público proposto no Programa Nacional de Desestatização, a modalidade de licitação a ser utilizada será o leilão.

Os critérios para julgamento da melhor proposta são:

a) menor valor da tarifa do serviço público a ser prestado;
b) a maior oferta, nos casos de pagamento ao poder concedente pela outorga da concessão;
c) melhor proposta técnica, com preço fixado no edital;
d) melhor proposta em razão da combinação dos critérios de menor valor da tarifa do serviço público a ser prestado com o de melhor técnica;
e) melhor proposta em razão da combinação dos critérios de maior oferta pela outorga da concessão com a melhor técnica;
f) melhor oferta de pagamento pela outorga após qualificação de propostas técnicas;
g) a combinação dois a dois dos critérios estabelecidos nos itens a, b, f.

Propostas inviáveis poderão ser recusadas pelo poder concedente.

A Lei nº 8.987/1995 também permite que o procedimento licitatório tenha a fase de habilitação e julgamento invertida.

8.8.8 Intervenção na concessão

Nos casos em que houver má gestão do serviço público prestado, a Administração poderá intervir no serviço objeto da concessão.

Nesse caso, será decretada a intervenção do serviço público, sendo nomeado, inclusive, um interventor que, no prazo de 30 dias, instaurará procedimento administrativo para apurar os fatos, sendo conferido à concessionária o direito ao contraditório e à ampla defesa.

Iniciado o processo administrativo, este deverá ser finalizado no prazo de 180 dias com as devidas apurações, que poderá determinar pela extinção ou manutenção da concessão do serviço público.

8.9 Extinção da concessão

São formas de extinção da concessão, segundo o art. 35 da Lei nº 8.987/1995:

a) **advento do termo contratual:** é o que a Doutrina chama de reversão, que nada mais é do que o retorno dos bens para a gestão da Administração;

b) **encampação:** considera-se encampação a retomada do serviço pelo Poder Concedente durante o prazo da concessão, por motivo de interesse público, mediante lei autorizativa específica e após prévio pagamento da indenização, na forma do artigo anterior;

c) **caducidade:** extinção do contrato por inadimplemento do concessionário mediante prévio aviso e procedimento administrativo;

d) **rescisão:** somente pode ser motivada pelo concessionário mediante ação judicial;

e) **anulação:** causa de extinção decorrente de ilegalidade da licitação ou do contrato com responsabilização de quem a deu causa;

f) falência ou extinção da empresa concessionária e falecimento ou incapacidade do titular, no caso de empresa individual.

8.10 Subconcessão

Conforme o art. 26 da Lei n° 8.987/1995 é admitida a subconcessão, nos termos previstos no contrato de concessão, desde que expressamente autorizada pelo Poder Concedente. Para isso, a outorga de subconcessão deverá ser precedida de concorrência, e o subconcessionário se sub-rogará em todos os direitos e obrigações da subconcedente dentro dos limites da subconcessão.

8.11 Parcerias Público-Privadas (PPP)

As PPPs são formas especiais de concessão de serviços públicos que foram reguladas pela Lei n° 11.079/2004.

As PPPs têm como fundamento o recebimento de investimentos da iniciativa privada em relação aos serviços que envolvam bastantes recursos financeiros e que extrapolam a capacidade financeira do Poder Público.

Pela PPP a iniciativa privada receberá do Poder Público uma garantia de mínima rentabilidade, tornando essa modalidade mais atrativa.

Tais garantias não poderão exceder a 1% (um por cento) da receita corrente líquida da União no exercício.

Além disso, as despesas anuais dos contratos vigentes nos 10 (dez) anos subsequentes não podem exceder a 1% (um por cento) da receita corrente líquida projetada para os respectivos exercícios.

8.12 Permissão

É ato administrativo "unilateral" e discricionário que consiste na delegação de serviço público de modo precário, por meio de contrato de adesão, não tendo modalidade específica para realização da licitação.

Hoje a doutrina diverge bastante quanto à precariedade da permissão, uma vez não entender como compatível a possibilidade de conciliar a precariedade ao contrato, já que, quando ocorre a formalização pelo instrumento contratual, haverá estipulação de prazo, o que afasta de fato o caráter precário.

De toda sorte, em concurso público deverá ser utilizado o conceito de permissão utilizado pela maioria dos doutrinadores, que diz que é ato unilateral, discricionário e precário.

8.13 Autorização de serviço público

O instituto da autorização consiste em um serviço que o Poder Público, mediante ato unilateral, discricionário e precário, denominado termo de autorização, consente ao particular a execução para atender interesses coletivos instáveis ou de emergência transitória.

Deve ser utilizado somente nos casos em que a lei permitir, pois poderia ensejar uma forma de burla ao procedimento licitatório.

São serviços que normalmente não necessitam de maior especialidade. Exemplo: serviços de táxi.

Os serviços autorizados estão sujeitos à revogação sumária do ato administrativo, ou seja, não haverá direito de indenização ao particular autorizado se a Administração revogar sua autorização.

9

Processo Administrativo Federal

9.1 Introdução ao Processo Administrativo Federal

No âmbito da Administração Federal a Lei nº 9.784/1999 regula o processo administrativo. Sua abrangência se impõe tanto na Administração Direta como na Administração Indireta, além dos órgãos dos Poderes Legislativo e Judiciário da União.

Pela Lei do Processo Administrativo Federal:

a) órgão é a unidade de atuação integrante da estrutura da Administração Direta e da estrutura da Administração Indireta;
b) entidade é a unidade de atuação dotada de personalidade jurídica;
c) autoridade é todo servidor ou agente público dotado de poder de decisão.

9.2 Princípios do Processo Administrativo

Dentre outros, aplicam-se ao Processo Administrativo Federal os princípios da legalidade, da finalidade, da motivação, da razoabilidade, da proporcionalidade, da moralidade, da ampla defesa, do contraditório, da segurança jurídica, do interesse público e da eficiência.

De forma a orientar a atuação da Administração Pública e seus agentes na condução dos processos administrativos, a lei previu atuação pautada na lei e com o próprio Direito, o que amplia a máxima da justiça e da juridicidade, sempre em atendimento aos interesses da coletividade. De igual forma, a objetividade, a impessoalidade, a moralidade, a publicidade, a proporcionalidade, bem como os demais princípios administrativos, devem estar presentes no processo administrativo.

Interessante disposição a que a lei traz, ao determinar a indicação dos pressupostos de fato e de direito que determinarem a decisão, aproximando-se do regramento do processo judicial que deve ter suas decisões de forma motivada. Todo o devido processo legal administrativo deve ser respeitado, com a observância das formalidades essenciais à garantia dos direitos dos administrados, muito embora ocorra previsão da simplicidade dos atos.

No processo administrativo é proibida a cobrança de despesas processuais, salvo aquelas expressamente disciplinadas em lei. O impulso oficial, sem prejuízo da atuação dos interessados também é previsto categoricamente na Lei nº 9.784/1999, tudo ocorrendo na melhor forma de atender os anseios do interesse público.

9.3 Direito dos administrados

Ainda na linha do devido processo legal administrativo, do contraditório e da ampla defesa, a Lei do Processo Administrativo assegurou aos administrados o direito de receber urbanidade no tratamento, ter ciência da tramitação dos processos administrativos, ter vista dos autos, retirar cópias e conhecer as decisões, além de formular alegações e apresentar documentos, podendo ainda ser assistido por advogado.

Aliás, o STF estabeleceu sua 5ª Súmula Vinculante para definir que, em processo administrativo-disciplinar (PAD), é dispensável a defesa técnica por advogado. Segundo o STF, por sua Súmula Vinculante nº 5, "a falta de defesa técnica por advogado no processo administrativo disciplinar não ofende a Constituição".

Tal súmula foi editada após o julgamento do Recurso Extraordinário (RE) nº 434.059, interposto pelo Instituto Nacional do Seguro Social (INSS) e pela União contra decisão do STJ, que entendeu ser obrigatória a presença do advogado em PAD, e até editou uma súmula dispondo exatamente. Dizia a superada súmula do STJ, de nº 343: "É obrigatória a presença de advogado em todas as fases de processo administrativo disciplinar".

Necessário repetir que, ao editar a súmula vinculante sobre o tema, restou prejudicada a edição sumular do STJ.

9.4 Obrigações do administrado

Não somente direitos são resguardados aos administrados, estes também recebem deveres perante a Administração, como: expor os fatos conforme a verdade, a lealdade, a urbanidade, a boa-fé, não agir de modo temerário e colaborar para o esclarecimento dos fatos.

9.5 Considerações do processo administrativo

O processo administrativo pode ser iniciado em razão de ato da própria autoridade administrativa ou por provocação do interessado, que em regra deve se dar na forma escrita com indicações que possam permitir o seu deslinde. Não cabe à Administração recusar de imotivada o recebimento de documentos.

É comum, visando uma melhor eficiência, que os órgãos e entidades administrativas disponham aos administrados formulários padronizados para promoção de requerimentos administrativos. Tal fato ocorre em decorrência da própria lei que assim orienta.

Pessoas naturais, pessoas jurídicas, inclusive aquelas com legitimação para tratar de direitos coletivos e difusos, possuem legitimidade para figurar em processo administrativo.

A lei definirá a competência dos órgãos administrativos, os quais poderão eventualmente promover, quando legalmente possível, delegação e avocação. A delegação não significa renúncia de competência, é ato precário e conforme ditame de hierarquia, eficiência e especialidade. Ressalte-se que pode ocorrer delegação de competência a outros órgãos ou titulares, ainda que estes não lhe sejam hierarquicamente subordinados, quando recomendar as circunstâncias de índole técnica, social, econômica, jurídica ou territorial.

Excepciona-se a possibilidade de delegação a edição de atos de caráter normativo, a decisão de recursos administrativos em matérias de competência exclusiva do órgão ou autoridade.

Não havendo definição legal, iniciar-se-á o processo administrativo por meio da autoridade de menor grau hierárquico para decidir, aplicando-se a todas as autoridades com poderes decisórios que atuaram no processo causas de impedimento e suspeição.

9.6 Formalidade do processo administrativo

No processo administrativo não há maiores exigências quanto à modulação de forma, salvo quando a lei expressamente determinar. No entanto, o registro escrito, utilizando o vernáculo, com páginas numeradas e rubricadas, assinado e datado é necessário.

Ocorrerão em dias úteis e no horário de funcionamento da repartição pública os atos do processo, que poderão ser concluídos depois do horário normal se já iniciados, se o adiamento prejudicar o curso do procedimento ou causar dano ao interessado ou à Administração.

Não havendo prazo definido em lei, os atos do órgão ou autoridade responsável pelo processo, bem como das demais partes envolvidas, deverão ser praticados no prazo de cinco dias. Excepcionalmente, o prazo poderá ser estendido pelo dobro.

Em respeito à publicidade e ao devido processo administrativo, as partes envolvidas no processo deverão ter ciência de todos os atos processuais, recebendo intimações com todas as informações pertinentes ao caso, que poderão ocorrer por meio de ciência no processo, por via postal com aviso de recebimento, por telegrama ou por outro meio que assegure sua certeza. Havendo interessados indeterminados ou em lugar incerto e não sabido a intimação ocorrerá por meio de publicação oficial.

Diferentemente do processo cível judicial, a revelia não configura necessariamente o reconhecimento, por parte dos interessados, dos fatos que lhes são imputados e nem significa renúncia a direito.

9.7 Instrução processual

Instrução, do verbo instruir, advém da necessidade de adquirir conhecimento. No processo a aquisição de conhecimento se dá com o desiderato de viabilizar um pronunciamento final, decisório, que seja justo e em consonância com o que foi apresentado. Não é diferente no processo administrativo em que a instrução se destina a averiguar e comprovar os dados necessários à tomada de decisão.

Os atos instrutórios podem ocorrer com ou sem provocação e deverão ocorrer da forma menos onerosa para os envolvidos, devendo o conteúdo probatório ser desenvolvido de forma hígida. A fim da busca da verdade real, o processo administrativo admite a intervenção de terceiros a depender do caso e de sua magnitude, podendo, inclusive, estimular essa participação por meio de consultas públicas ou audiência de outros órgãos.

É admissível ao interessado farta possibilidade de produção probatória durante a instrução processual e antes da decisão, podendo requerer a juntada de documentos, diligências e perícias, dentre outras. Além disso, sendo alegado em sua prova documento que se encontre sob a guarda da Administração, esta deverá juntar aos autos administrativos o documento alegado ou sua reprodução.

Sempre que houver movimentação processual com o fim de produção probatória, os interessados serão intimados, com antecedência mínima de três dias úteis, com a indicação de data, hora e local que se realizará o ato processual.

Por óbvio que se insere ao administrado o dever de lealdade processual, de sorte que requerimentos meramente protelatórios podem ser recusados, desde que por meio de decisão devidamente fundamentada.

Finda a fase instrutória, o interessado poderá apresentar manifestação, verdadeiras alegações finais, no prazo de até 10 dias, salvo se não existir outro prazo definido em lei.

9.8 Atos processuais finais

A mora administrativa em decidir é, sem dúvida, um dos grandes responsáveis pelo volume de processos que ingressam no Judiciário. Ora, pelo Judiciário? Sim, pois em razão da ausência de decisões administrativas, mesmo que negativas de direito, muitos recorrem ao Poder Judiciário para ter uma decisão. Não é por falta de determinação legal que essa problemática ocorre, vez que devidamente consignado na Lei nº 9.784/1999 que a Administração tem o dever de explicitamente emitir decisão nos processos administrativos e sobre solicitações ou reclamações, em matéria de sua competência, tudo no prazo de 30 dias com possibilidade de prorrogação em igual prazo.

Como já apresentado nesta obra, os atos administrativos devem ser motivados de forma clara e congruente, ou seja, exige-se indicação dos fatos e dos fundamentos jurídicos utilizados para se chegar à decisão, especialmente quando:

- neguem, limitem ou afetem direitos ou interesses;
- imponham ou agravem deveres, encargos ou sanções;
- decidam processos administrativos de concurso ou seleção pública;
- dispensem ou declarem a inexigibilidade de processo licitatório;
- decidam recursos administrativos;
- decorram de reexame de ofício;

■ deixem de aplicar jurisprudência firmada sobre a questão ou discrepem de pareceres, laudos, propostas e relatórios oficiais;
■ importem anulação, revogação, suspensão ou convalidação de ato administrativo.

Em consonância com os princípios da celeridade, da economicidade, da razoável duração do processo, quando a Administração se deparar em decisões de assuntos repetitivos, poderá se utilizar de meio mecânico que reproduza os fundamentos das decisões.

É de bom alvitre registrar que é possível ao interessado desistir total ou parcialmente de requerimento ou renunciar a direitos disponíveis. Em se tratando de pluralidade de interessados, a desistência ou renúncia atinge somente quem a tenha formulado. No entanto, a desistência ou renúncia do interessado, não importa necessariamente no encerramento do processo, que poderá prosseguir se a Administração assim entender.

9.9 Recurso administrativo e revisão

Assim como no processo judicial, as decisões administrativas são passíveis de recurso, que deverá ser dirigido à autoridade que proferiu a decisão, apontando as razões de direito, legalidade e mérito. O órgão que proferiu a decisão terá a possibilidade de reconsiderar o que ficara decidido, ou seja, promover uma nova decisão acatando, parcial ou integralmente, as razões de irresignação, e, em não promovendo a reconsideração, encaminhará a peça interposta para a autoridade superior.

Na ADI nº 1.976, o STF consignou que

> a exigência de depósito ou arrolamento prévio de bens e direitos como condição de admissibilidade de recurso ad-

ministrativo constitui obstáculo sério (e intransponível, para consideráveis parcelas da população) ao exercício do direito de petição (CF/1988, art. 5º, XXXIV), além de caracterizar ofensa ao princípio do contraditório (CF/1988, art. 5º, LV).

Aduziu, ainda, a Suprema Corte, que "a exigência de depósito ou arrolamento prévio de bens e direitos pode converter-se, na prática, em determinadas situações, em supressão do direito de recorrer, constituindo-se, assim, em nítida violação ao princípio da proporcionalidade".

Daí então o STF editou a Súmula Vinculante nº 21: "É inconstitucional a exigência de depósito ou arrolamento prévios de dinheiro ou bens para admissibilidade de recurso administrativo".

O legislador ordinário pontuou limitação de no máximo três instâncias recursais administrativas e definiu como legitimados para interposição de recurso, além das partes processuais, aqueles cujos direitos ou interesses forem indiretamente afetados pela decisão recorrida e as organizações e associações representativas em relação a direitos e interesses coletivos e os cidadãos ou associações, no que seja pertinente a direitos difusos.

Os recursos devem ser interpostos no prazo de 10 dias, a partir da ciência ou publicação em diário oficial, e a autoridade competente terá prazo de 30 dias para proferir nova decisão. Registre-se que lei especial pode definir prazos diferentes, assim como pode haver prorrogação de prazos em havendo alta complexidade da matéria a ser decidida, tudo mediante justificativa formal.

O contraditório também é exercido na esfera recursal, vez que o órgão que receber o recurso deverá diligenciar para intimar os demais interessados, que terão possibilidade de apresentar suas alegações no prazo de cinco dias.

Não haverá conhecimento, ou seja, nem mesmo a admissão de recurso fora do prazo, por quem não seja legitimado e após exaurida a esfera administrativa. O recurso interposto diante de órgão incompetente não será conhecido naquele órgão, que devolverá o prazo ao recorrente indicando a autoridade correta.

O pronunciamento decisório do recurso ensejará a manutenção da decisão, a reforma, a anulação ou revogação, integral ou parcial. Ressalte-se que o novo pronunciamento pode ser, inclusive, mais gravoso ao recorrente, é o que a doutrina chama de *reformatio in pejus* recursal na seara administrativa.

Um pouco diferente do que ocorre na esfera judicial, em que se tem a coisa julgada em regra imutável sempre que fato novo ou circunstância extraordinariamente relevantes, a qualquer tempo, a pedido ou de ofício, poderá haver revisão da decisão. Diferente do recurso, no âmbito da revisão não poderá ocorrer agravamento da penalidade.

A Lei do Processo Administrativo traz em seu bojo uma série de situações de enfermidades do administrado que o colocam no mesmo patamar de prioridade processual que idosos e pessoas com deficiência.

9.10 Jurisprudência dos tribunais superiores acerca do tema estudado

Súmula nº 633, STJ: A Lei nº 9.784/1999, especialmente no que diz respeito ao prazo decadencial para a revisão de atos administrativos no âmbito da Administração Pública federal, pode ser aplicada, de forma subsidiária, aos estados e municípios, se inexistente norma local e específica que regule a matéria.

Súmula nº 312, STJ: No processo administrativo para imposição de multa de trânsito, são necessárias as notificações da autuação e da aplicação da pena decorrente da infração.

Súmula nº 434, STJ: O pagamento da multa por infração de trânsito não inibe a discussão judicial do débito.

Súmula vinculante nº 21, STF: É inconstitucional a exigência de depósito ou arrolamento prévios de dinheiro ou bens para admissibilidade de recurso administrativo.

Súmula nº 373, STJ: É ilegítima a exigência de depósito prévio para admissibilidade de recurso administrativo.

10

Servidores públicos

10.1 Teoria constitucional dos servidores públicos

A Carta de 1988, talvez devido aos grandes dissabores ocorridos no Brasil em seu passado próximo, tratou de detalhar ao máximo suas disposições. Não diferente foi o cuidado especial adotado no que diz respeito às regras dos agentes públicos, como: acesso ao cargo, empregos e funções públicas, remuneração, acumulação, dentre outras.

Tais disposições encontram-se dispostas principalmente nos arts. 37, 38, 39 e 40 da CF/1988.

Não podemos esquecer que algumas reformas trataram de alterar a noção exata que o legislador constituinte deu à Administração Pública em 1988. Com a ideia de Estado mínimo, liberalismo e Administração Gerencial, a atividade estatal se reduziu, e vem se reduzindo, cumprindo ao Estado desenvolver somente as atividades que são ditas como típicas e atribuindo à iniciativa privada as demais atividades.

10.2 Acesso às funções, aos cargos e aos empregos públicos

10.2.1 Brasileiros x estrangeiros

A *priori*, verifica-se que o art. 37, I, CF/1988 conferiu aos estrangeiros a possibilidade de ocuparem cargos, empregos e funções públicas na Administração, o que anteriormente era permitido apenas nas universidades e instituições científicas.

> I – os cargos, empregos e funções públicas são acessíveis aos brasileiros que preencham os requisitos estabelecidos em lei, assim como aos estrangeiros, na forma da lei;

Quando o legislador constituinte informou que podem ter acesso a cargos públicos os estrangeiros, ele limitou tal acesso à disposição legal. Ou seja, é necessário o advento de uma lei para regular e dar aplicabilidade à disposição constitucional. É o que se chama de norma constitucional de eficácia limitada.

10.2.2 Requisitos para acesso a cargos ou empregos públicos

Percebe-se pelo texto da Constituição que os requisitos para o preenchimento de cargo público devem decorrer da lei. Sendo assim, não pode o edital do concurso fazer exigências descabidas ou desarrazoadas.

Em todo caso, de acordo com o poder discricionário, as exigências feitas em editais que não contrariem a lei devem ser motivadas, como os demais atos administrativos, neste sentido o STF já sedimentou tal entendimento pela Súmula nº 684: "É inconstitucional o veto não motivado à participação de candidato a concurso público".

Ademais, o princípio da isonomia não permite que mesmo a lei faça qualquer tipo de restrição discriminatória.

10.3 Concurso público

Nas palavras de Hely Lopes Meirelles (2007), o concurso público é o meio técnico posto à disposição da Administração para obter-se a moralidade, a eficiência e o aperfeiçoamento do serviço público.

Foi com a CF/1988 que o concurso público se tornou condição obrigatória para aqueles que queiram ocupar cargos ou empregos na Administração Direta e Indireta.

Para provimento de cargos e empregos efetivos, exige-se concurso público. Vejamos o que diz o texto constitucional, art. 37, II:

> II – a investidura em cargo ou emprego público depende de **aprovação prévia em concurso público de provas ou de provas e títulos**, de acordo com a natureza e a complexidade do cargo ou emprego, na forma prevista em lei, ressalvadas as nomeações para cargo em comissão declarado em lei de livre nomeação e exoneração. (Grifos nossos.)

Para cargo em comissão não é necessário concurso público.

Alerte-se que as regras de concurso público de provas e de provas e títulos não precisam ser aplicadas para atender a necessidade temporária de excepcional interesse público.

A EC nº 51/2006 determinou as regras para contratação de agentes comunitários de saúde, podendo tais agentes serem admitidos por meio de processo seletivo público. A Lei nº 11.350/2006 regulou tal contratação, submetendo essas pessoas ao concurso de provas ou provas e títulos.

A partir da Lei nº 11.350/2006, somente poderão ser terceirizados agentes de saúde se houver surtos endêmicos.

10.3.1 Testes psicotécnicos

O STF já decidiu sobre a possibilidade da exigência de testes psicotécnicos em concurso público, desde que haja previsão legal e tenha por base critérios objetivos de reconhecido caráter científico.

São estes os pressupostos para exigência do exame psicotécnico:

a) previsão legal;
b) critérios objetivos e científicos;
c) possibilidade de recurso.

Segundo a Súmula nº 686 do STF, "só por lei se pode sujeitar a exame psicotécnico a habilitação do candidato a cargo público".

10.3.2 Princípio da isonomia

Os critérios isonômicos serão observados nos concursos públicos.

De acordo com o STF, não fere o princípio da isonomia a realização de concurso público em que haja classificação por região.

10.3.3 Outras questões interessantes

a) **STF** – entende que a análise do gabarito pelo Poder Judiciário implicaria análise de mérito do ato administrativo, portanto, não cabe apreciação pelo Poder Judiciário.

b) **STF** – entende que a análise da consonância do edital e das questões do concurso é questão de legalidade, uma vez que o edital é a lei do concurso, podendo ser objeto de apreciação do Judiciário. Tal entendimento é recente, pois anteriormente o STF entendia como questão de mérito, e não de legalidade esta situação.

10.4 Prazo de validade do concurso

Prazo de validade do concurso público é o período pelo qual podem ser providos os cargos ou empregos públicos aos quais se destinava o concurso.

Vejamos o que diz a CF/1988 em seu art. 37, III:

> III – o prazo de validade do concurso público será de até dois anos, prorrogável uma vez, por igual período;

Tal prazo é contado da data da homologação do concurso, que nada mais é do que o ato administrativo que confere validade ao concurso.

O STF vem entendendo que o candidato classificado dentro do número de vagas indicadas no edital possui direito subjetivo à nomeação.

10.4.1 Prioridade sobre novos concursados

Prazo improrrogável seria o prazo estabelecido a partir do período de prorrogação do concurso público.

IV – durante o prazo improrrogável previsto no edital de convocação, aquele aprovado em concurso público de provas ou de provas e títulos será convocado com prioridade sobre novos concursados para assumir cargo ou emprego, na carreira;

Percebe-se pelo disposto e pela aplicação prática que outro concurso poderá vir a ser aberto dentro do prazo vigente de concurso anteriormente realizado, porém, terão prioridade na convocação aqueles que forem aprovados no concurso anterior, desde que ainda vigente o prazo de validade.

Difere da regra da Lei nº 8.112/1990, que iremos ver em seguida.

> Súmula nº 15 do STF: Dentro do prazo de validade do concurso, o candidato aprovado tem o direito à nomeação, quando o cargo for preenchido sem observância de classificação.

10.5 Pessoas com deficiência

Sabe-se que às pessoas com deficiência será reservado um número de vagas que poderá ser de até 20% (vinte por cento), como na Lei nº 8.112/1990, sem prejuízo da necessidade de admissão por concurso público.

> VIII – a lei reservará percentual dos cargos e empregos públicos para as pessoas portadoras de deficiência e definirá os critérios de sua admissão;

Caso as vagas separadas aos portadores de necessidade não sejam preenchidas, poderão, de acordo com o edital, ser revertidas para os demais candidatos.

No entanto, se o portador de necessidade especial estiver fora das vagas de deficientes e com nota superior à do último classificado não portador de necessidade especial, poderá ter garantido o direito de ingressar na carreira pública, uma vez que o intuito da norma é ampará-lo.

Junta médica deverá verificar a existência da necessidade especial e a compatibilidade com o exercício da atividade a ser desenvolvida.

Os concursados que possuírem doenças que impliquem aposentadoria por incapacidade permanente estarão impedidos à nomeação ao cargo. São estas as doenças graves: tuberculose ativa, alienação mental, esclerose múltipla, neoplasia maligna, cegueira posterior ao ingresso no serviço público, hanseníase, cardiopatia grave, doença de Parkinson, paralisia irreversível e incapacitante, espondiloartrose anquilosante, nefropatia grave, estados avançados do mal de Paget (osteíte deformante), Síndrome de Imunodeficiência Adquirida (AIDS), e outras que a lei indicar, com base na medicina especializada.

10.6 Funções de confiança e cargos em comissão

10.6.1 Cargo em comissão

São aqueles que são declarados em lei de livre-nomeação e exoneração, ou seja, podem ser exercidos por qualquer pessoa, mesmo que não seja servidor público. A mesma pessoa que é competente para admitir será também para exonerar.

A exoneração pode ocorrer a qualquer momento, sem necessidade de motivação, a livre critério de quem o nomeou, não havendo exigência, inclusive, de processo administrativo.

Porém, mesmo sendo ocupante de cargo em comissão, o servidor que cometer infração funcional deverá ser destituído e não exonerado, sendo devido o processo administrativo para apurar a infração e suas consequências.

Por tudo o que foi elencado, cristalino é o entendimento de que o cargo em comissão possui natureza precária.

Pode-se erroneamente entender que o cargo em comissão é exclusivo de quem não é ocupante de cargo público, o que não é verdadeiro.

Inclusive, hoje há respaldo legal para o provimento de cargos em comissão determinando que devam ser ocupados parcialmente por ocupantes de cargo púbico efetivo.

10.6.2 Função de confiança

Nesse caso, não há nomeação para função de confiança e sim designação para seu exercício. Nesse diapasão, as funções de confiança devem ser, necessariamente, desenvolvidas por servidores públicos ocupantes de cargo efetivo. A dispensa da função de confiança é livre, a critério da autoridade competente.

Observemos o que diz o inciso V do art. 37 da CF/1988:

> V – as funções de confiança, exercidas exclusivamente por servidores ocupantes de cargo efetivo, e os cargos em comissão, a serem preenchidos por servidores de carreira nos casos, condições e percentuais mínimos previstos em lei, destinam-se apenas às atribuições de direção, chefia e assessoramento;

10.7 Contratação temporária

Tal espécie de contratação encontra-se disciplinada pela Lei nº 8.745/1993, alterada pelas Leis nos 9.849/1999 e 10.667/2003, dentre outras. Restringe-se à Administração Direta, às autarquias e às fundações públicas.

O regime de pessoal que é contratado temporariamente é considerado *sui generis*, pois não pode ser considerado nem estatutário e nem celetista, já que se submetem a regras contratuais estabelecidas entre as partes.

O regime de previdência social será o regime geral, o mesmo aplicado aos trabalhadores civis.

Para o estabelecimento desse tipo de contratação é imprescindível, além do interesse público, o fato superveniente que enseje situação excepcional. Dentre as possibilidades mais comuns, e que são elencadas pela lei, são: assistência a situação de calamidade pública, recenseamento do IBGE, admissão de professor substituto e professor assistente, admissão de professor e pesquisador visitante estrangeiro.

A própria CF/1988, no art. 37, IX, já vislumbra a possibilidade de contratação temporária, senão, vejamos:

> IX – a lei estabelecerá os casos de contratação por tempo determinado para atender a necessidade temporária de excepcional interesse público;

Tal contratação ocorre por meio de processo seletivo simplificado, sujeito a ampla divulgação, inclusive pelo *Diário Oficial da União*.

O STF entende que somente a situação ensejadora da contratação é que é extraordinária, não há necessidade de que a função também o seja.

10.8 Direito de associação sindical

O servidor público possui direito inconteste de livre-participação em associação sindical, não sendo conferido tal direito ao militar, devendo as ações de natureza coletiva ser julgadas pela Justiça Federal.

Vejamos o inciso VI do art. 37 da CF/1988: "VI – é garantido ao servidor público civil o direito à livre associação sindical".

10.9 Direito de greve no serviço público

Para entendimento da greve no serviço público precisamos compreender como se dá a eficácia da norma constitucional. Para isto utilizaremos brevemente o conceito do eminente Professor José Afonso da Silva, que divide a norma constitucional em norma de eficácia plena; norma de eficácia contida; e norma de eficácia limitada.

a) **Norma de eficácia plena:** é aquela que possui plenitude em sua eficácia, podendo produzir todos os seus efeitos independentemente de disposição infraconstitucional.

b) **Norma de eficácia contida:** é aquela que, mesmo possuindo eficácia, poderá ter restringidos seus efeitos a partir de norma infraconstitucional posterior.

c) **Norma de eficácia limitada:** é aquela que possui eficácia, porém, não pode produzir efeitos enquanto norma infraconstitucional não vier a estabelecê-los.

Observe-se que o art. 37, VII, da CF/1988, ao mencionar o direito de greve do servidor público, informou que este se daria nos termos e limites definidos em lei: "VII – o direito de greve será exercido nos termos e nos limites definidos em lei específica".

Muito embora a norma constitucional não esteja apta a produzir todos os efeitos esperados, ou seja, o regramento da greve no serviço público, em razão da omissão do legislador, vêm os tribunais superiores entendendo da possibilidade de greve no serviço público, utilizando-se dos parâmetros entabulados na iniciativa privada e resguardando a continuidade do serviço.

Embora possível greve no serviço público, necessário rememorar que militares em nenhum caso possuem o direito de greve.

Por fim, diferente o direito de greve para o trabalhador da iniciativa privada e o do serviço público. Na iniciativa privada, o direito de greve está assegurado no art. 9º da CF/1988, que é entendido pela doutrina majoritária como norma constitucional de eficácia contida, ou seja, é autoexecutável, mas pode ser restringida por lei posterior, pois já existe a Lei nº 7.783/1989, que regula a greve na iniciativa privada.

Repita-se, no Brasil o art. 37, inciso VII, da CF/1988 assegura o direito de greve aos servidores públicos, nos termos e nos limites a serem estabelecidos em lei específica. Ocorre que até o presente momento tal lei não foi promulgada, de modo que o STF, no Mandado de Injunção nº 712-PA, determinou a aplicação de normas da Lei de Greve (Lei nº 7.783/1989) aos casos de greve no serviço público até que o Congresso venha a editar a tal "lei específica" prevista no art. 37, inciso VII, da CF/1988, com redação dada pela EC nº 19, de 1998.

Ademais, vale ressaltar que assentou o STF ser o exercício do direito de greve, sob qualquer forma ou modalidade, vedado aos policiais civis e a todos os servidores públicos que atuem diretamente na área de segurança pública. Além disso, deve, peremptoriamente, participar o Poder Público em mediação instaurada pelos órgãos classistas das carreiras de segurança pública, nos termos do art. 165 do Código de Processo Civil (CPC), para vocalização dos interesses da categoria quando houver discussões paredistas.

Em se tratando de foro, a justiça comum, federal ou estadual, é competente para julgar a abusividade de greve de servidores públicos celetistas da Administração Pública direta, das autarquias e das fundações públicas.

Por fim, é pacífico na Suprema Corte não se mostrar razoável o desconto em parcela única sobre a remuneração do servidor público dos dias parados e não compensados provenientes do exercício do direito de greve.

10.10 Remuneração dos agentes públicos

Observa-se *a priori* que, somente por lei poderá ser alterado o subsídio ou a remuneração dos servidores públicos.

> X – a remuneração dos servidores públicos e o subsídio de que trata o § 4º do art. 39 somente poderão ser fixados ou alterados por lei específica, observada a iniciativa privativa em cada caso, assegurada revisão geral anual, sempre na mesma data e sem distinção de índices;

Quanto à iniciativa privativa, deverá ser observado de qual cargo se tratará, por exemplo: é iniciativa privativa do Presidente da República para os cargos de estrutura do Poder Executivo Federal; para os cargos da estrutura da Câmara dos

Deputados, a iniciativa das leis que fixe ou altere sua remuneração será privativa da própria Câmara dos Deputados.

10.11 Limites de remuneração

O teto da remuneração do serviço público brasileiro tem por base o subsídio dos Ministros do STF, não devendo ser computadas as parcelas de caráter indenizatório previstas em lei.

Além dos limites para o serviço público federal a CF/1988 estabeleceu os seguintes limites:

- **Municípios:** o teto é o subsídio percebido pelo Prefeito.
- **Estados e DF:** Poder Executivo, subsídio do Governador; Poder Legislativo, subsídio dos deputados estaduais e distritais; Poder Judiciário, subsídio dos desembargadores do Tribunal de Justiça.
- **União:** em toda a esfera federal o limite de subsídio é o percebido pelos Ministros do STF.

Vejamos o que diz o art. 37, XI, da CF/1988:

> XI – a remuneração e o subsídio dos ocupantes de cargos, funções e empregos públicos da administração direta, autárquica e fundacional, dos membros de qualquer dos Poderes da União, dos Estados, do Distrito Federal e dos Municípios, dos detentores de mandato eletivo e dos demais agentes políticos e os proventos, pensões ou outra espécie remuneratória, percebidos cumulativamente ou não, incluídas as vantagens pessoais ou de qualquer outra natureza, não poderão exceder o subsídio mensal, em espécie, dos Ministros do Supremo Tribunal Federal, aplicando-se como limite, nos Municípios, o subsídio do Prefeito, e nos Estados e no Distrito Federal, o subsídio

mensal do Governador no âmbito do Poder Executivo, o subsídio dos Deputados Estaduais e Distritais no âmbito do Poder Legislativo e o subsídio dos Desembargadores do Tribunal de Justiça, limitado a noventa inteiros e vinte e cinco centésimos por cento do subsídio mensal, em espécie, dos Ministros do Supremo Tribunal Federal, no âmbito do Poder Judiciário, aplicável este limite aos membros do Ministério Público, aos Procuradores e aos Defensores Públicos;

Oportuno comentar que, muito embora se trate de servidores municipais, o STF, em decisão com Repercussão Geral, entendeu, recentemente, que o teto dos procuradores municipais se submeteria ao subsídio dos desembargadores de Tribunais de Justiça.

10.12 Limites aos vencimentos dos servidores dos Poderes Legislativo e Judiciário

A Carta Magna também impôs regra de isonomia entre subsídios dos servidores, independente da esfera de Poder. Vejamos o art. 37, XII, da CF/1988: "XII – os vencimentos dos cargos do Poder Legislativo e do Poder Judiciário não poderão ser superiores aos pagos pelo Poder Executivo".

Essa regra significa que devem ter os mesmos subsídios os servidores dos Poderes Legislativo e Judiciário que desempenhem a mesma função de servidor do Poder Executivo.

10.13 Vedação de equiparações e vinculações

Ensina Hely Lopes Meirelles (2007, p. 447) que equiparação consiste em dar tratamento jurídico semelhante a cargos com funções distintas. É ofensa direta ao princípio da isonomia.

Já vinculação é a utilização pela lei de regras ou índices que reajustem automaticamente a remuneração do servidor, como, por exemplo, o uso do salário mínimo.

A CF/1988 também trouxe regras de vedação e equiparação. Vejamos o disposto no art. 37, XIII, da Carta Magna:

> XIII – é vedada a vinculação ou equiparação de quaisquer espécies remuneratórias para o efeito de remuneração de pessoal do serviço público;
>
> Súmula nº 681 do STF: É inconstitucional a vinculação do reajuste de vencimentos de servidores estaduais ou municipais a índices federais de correção monetária.

Entretanto, *mister* se faz lembrar que é vedada a equiparação que decorrer de lei, podendo ser considerada a que advém da própria Constituição, como, exemplo, a equiparação dos Ministros do TCU aos Ministros do STJ, ou a vinculação dos subsídios do STF, do STJ, demais Tribunais Superiores e demais membros da Magistratura e Ministério Público.

10.14 Acréscimos

A CF/1988, dentro do seu perfil extremamente analítico, também traz regras acerca de acréscimos e vantagens imputáveis aos vencimentos dos servidores públicos.

> XIV – os acréscimos pecuniários percebidos por servidor público não serão computados nem acumulados para fins de concessão de acréscimos ulteriores;

Os acréscimos percebidos por servidores somente podem incidir sobre os vencimentos básicos.

10.15 Irredutibilidade de vencimentos

A irredutibilidade dos vencimentos não constitui garantia real, sendo tão somente uma garantia formal, não alcançando o fim que deveria ser alcançado.

Vejamos o que diz o inciso XV do art. 37 da nossa CF/1988:

> XV – o subsídio e os vencimentos dos ocupantes de cargos e empregos públicos são irredutíveis, ressalvado o disposto nos incisos XI e XIV deste artigo e nos arts. 39, § 4º, 150, II, 153, III, e 153, § 2º, I;

Esse inciso possibilita a redução dos vencimentos que não estejam de acordo com o inciso XIV do mesmo artigo.

10.16 Vedação à acumulação

Também disposta na CF/1988 está a regra que veda a cumulação de cargos públicos, salvo algumas exceções. Vejamos o que diz o art. 37, XVI, da CF/1988:

> XVI – é vedada a acumulação remunerada de cargos públicos, exceto, quando houver compatibilidade de horários, observado em qualquer caso o disposto no inciso XI:
>
> a) a de dois cargos de professor;
>
> b) a de um cargo de professor com outro técnico ou científico;
>
> c) a de dois cargos ou empregos privativos de profissionais de saúde, com profissões regulamentadas;
>
> XVII – a proibição de acumular estende-se a empregos e funções e abrange autarquias, fundações, empresas pú-

blicas, sociedades de economia mista, suas subsidiárias, e sociedades controladas, direta ou indiretamente, pelo Poder Público;

Não podemos esquecer que outras acumulações são previstas na CF/1988 como a de vereadores, juízes e membros do Ministério Público.

Além disso, importa esclarecer que, mesmo na possibilidade de cumulações, existe entendimento do TCU que inviabiliza a cumulação quando esta se dá em jornada superior a 60 horas semanais.

10.17 Direitos e garantias dos trabalhadores aplicáveis aos servidores públicos

Algumas vantagens aplicáveis a empregados celetistas da iniciativa privada também são aplicáveis aos servidores públicos, como:

a) salário mínimo;
b) garantia de salário mínimo para aqueles que recebem remuneração variável;
c) décimo terceiro;
d) remuneração do trabalho noturno superior ao diurno;
e) salário-família;
f) duração do trabalho não superior a 8 horas diárias e 44 semanais (exceção, horas extras);
g) repouso semanal remunerado;
h) trabalho extraordinário com acréscimo de, no mínimo, 50%;
i) férias anuais remuneradas acrescidas de 1/3;

j) licença à gestante de 120 dias;

k) licença-paternidade;

l) proibição a discriminação;

m) redução dos riscos por meio de normas de saúde, higiene e segurança.

10.18 Estabilidade

Para Hely Lopes Meirelles (2007, p. 450), "estabilidade é a garantia constitucional de permanência no serviço público outorgada ao servidor que, nomeado por concurso em caráter efetivo, tenha transposto o estágio probatório de três anos".

Celso Antônio Bandeira de Mello (2009, p. 829) a define como sendo o "direito de não ser desligado senão em virtude de sentença judicial transitada em julgado; processo administrativo em que lhe seja assegura a ampla defesa ou mediante procedimento de avaliação periódica de desempenho, na forma de lei complementar, assegurada a ampla defesa".

Maria Sylvia Zanella di Pietro (2013, p. 654), fusionando ambas as definições, vê na estabilidade a "garantia de permanência no serviço público assegurada, após três anos de exercício, ao servidor nomeado por concurso, que somente pode perder o cargo em virtude de sentença judicial transitada em julgado ou mediante processo administrativo em que lhe seja assegurada ampla defesa".

10.19 Estágio probatório

Nas palavras do eminente professor José dos Santos Carvalho Filho (2013, p. 673), estágio probatório "é o período dentro do qual o servidor é aferido quanto aos requisitos necessários para o desempenho do cargo, relativos ao interesse no serviço, adequação, disciplina, assiduidade e outros do mesmo gênero".

10.20 Jurisprudência dos tribunais superiores acerca do tema estudado

Súmula nº 377, STJ: O portador de visão monocular tem direito de concorrer, em concurso público, às vagas reservadas aos deficientes.

Súmula nº 266, STJ: O diploma ou habilitação legal para o exercício do cargo deve ser exigido na posse e não na inscrição para o concurso público.

Súmula Vinculante nº 44, STF: Só por lei se pode sujeitar a exame psicotécnico a habilitação de candidato a cargo público.

Súmula Vinculante nº 43, STF: É inconstitucional toda modalidade de provimento que propicie ao servidor investir-se, sem prévia aprovação em concurso público destinado ao seu provimento, em cargo que não integra a carreira na qual anteriormente investido.

Súmula nº 686, STF: Só por lei se pode sujeitar a exame psicotécnico a habilitação de candidato a cargo público.

Súmula nº 684, STF: É inconstitucional o veto não motivado à participação de candidato a concurso público.

Súmula nº 683, STF: O limite de idade para a inscrição em concurso público só se legitima em face do art. 7º, XXX, da Constituição, quando possa ser justificado pela natureza das atribuições do cargo a ser preenchido.

Súmula nº 685, STF: É inconstitucional toda modalidade de provimento que propicie ao servidor investir-se, sem prévia aprovação em concurso público destinado ao seu provimento, em cargo que não integra a carreira na qual anteriormente investido.

Súmula nº 15, STF: Dentro do prazo de validade do concurso, o candidato aprovado tem o direito à nomeação, quando o cargo for preenchido sem observância da classificação.

Súmula nº 17, STF: A nomeação de funcionário sem concurso pode ser desfeita antes da posse.

Súmula nº 16, STF: Funcionário nomeado por concurso tem direito à posse.

Súmula nº 466, STJ: O titular da conta vinculada ao FGTS tem o direito de sacar o saldo respectivo quando declarado nulo seu contrato de trabalho por ausência de prévia aprovação em concurso público.

11

Regime jurídico do servidor público

11.1 Consiederações iniciais

A redação inicial da CF/1988 determinava que cada ente da Federação brasileira poderia adotar um regime jurídico próprio, porém, a União, os Estados, os Municípios, e o Distrito Federal deveriam adotar para todos os seus servidores esse único regime.

A União, os Estados, o Distrito Federal e os Municípios instituirão, no âmbito de sua competência, regime jurídico único e planos de carreira para os servidores da Administração Pública Direta, das autarquias e das fundações públicas.

Por tal disposição não era obrigatório que o regime adotado pelos servidores públicos fosse estatutário, abrindo brechas para opções de regime celetista ou contratual ao livre-arbítrio do legislador do ente político.

Foi com base nessa situação que o legislador federal instituiu a Lei nº 8.112/1990, que criou o Regime Jurídico Único dos Servidores Públicos Civis da União, das autarquias e das fundações públicas federais.

Nesse diapasão, a União optou pelo vínculo estatutário de seus servidores. Por isso que os empregos ocupados pelos servidores incluídos neste regime foram transformados em cargo público.

A EC nº 19/1998 alterou a redação original, mas sem maiores repercussões em relação à Lei nº 8.112/1990, pois permitiu apenas que os entes da Federação estabelecessem para a contratação de seus servidores mais de um regime. Foi com a EC nº 19/1998 que a União editou a Lei nº 9.962/2000, que permitiu à Administração contratar empregados públicos para as autarquias, fundações públicas.

11.2 Servidores estatutários

As disposições gerais dos servidores públicos civis e sua relação com a Administração, no âmbito federal, estão dispostas na Lei nº 8.112/1990, que vem sofrendo inúmeras alterações buscando o atendimento aos anseios do modelo administrativo gerencial adotado no Brasil.

A maior parte dos entes federativos replica o modelo da União em sua esfera de competência, razão pela qual entendemos como de extrema importância trazer considerações acerca deste instituto legal nesta obra.

11.2.1 Cargos e funções

Nos termos da Lei nº 8.112/1990:

a) **Servidor público:** é a pessoa legalmente investida em cargo público.

b) **Cargo público:** é o conjunto de atribuições e responsabilidades previstas na estrutura organizacional que devem ser cometidas a um servidor.
c) **Classe:** é o agrupamento de cargos da mesma profissão.
d) **Carreira:** é o agrupamento de classes da mesma profissão com escalonamento hierárquico.
e) **Quadro:** é o conjunto de carreiras, cargos isolados e funções gratificadas de um mesmo serviço ou Poder.
f) **Lotação:** é o número de servidores que devem trabalhar em cada seção (repartição) do serviço público.
g) **Provimento:** é o ato administrativo por meio do qual é preenchido cargo público, com a designação de seu titular.

Quanto ao provimento, os cargos públicos podem ser:

a) efetivos – de carreira ou isolados;
b) em comissão;
c) vitalício;
d) interino – em substituição;
e) temporário – por prazo determinado decorrente de fato superveniente e para atender ao interesse público.

A Lei nº 8.112/1990 apresenta como forma de provimento de cargo:

a) nomeação;
b) promoção;
c) readaptação;
d) reversão;
e) aproveitamento;
f) reintegração;
g) recondução.

O provimento poderá ser realizado de forma originária ou derivada.

É originária a forma de provimento pela qual se faz o preenchimento de classe inicial de cargo sem relacionamento algum com qualquer cargo anterior. A única forma que existe hoje dentro de nosso ordenamento condizente com o ora explicitado é a nomeação.

Em contrapartida ao provimento originário existe o provimento derivado, que nada mais é do que a forma de preenchimento de cargo decorrente de vínculo já existente entre o servidor e a Administração. São formas de provimento derivado: promoção, readaptação, reversão, aproveitamento, reintegração e recondução.

O provimento derivado não necessita de concurso público, porém, o novo cargo a ser ocupado pelo servidor deve guardar certa proximidade de atribuições e complexidade com o cargo desenvolvido anteriormente, para que não represente afronta à impessoalidade e à exigência de concursos públicos. Neste sentido, inclusive, já sumulou o STF.

> Súmula nº 685, STF: É inconstitucional toda modalidade de provimento que propicie ao servidor investir-se, sem prévia aprovação em concurso público destinado ao seu provimento, em cargo que não integra a carreira na qual anteriormente investido.

11.2.2 Das formas de provimento do cargo público

11.2.2.1 Nomeação

A única forma de provimento originário existente no Brasil é a nomeação. Esta pode ser em caráter efetivo ou em comissão.

Sendo em caráter efetivo, necessariamente, a nomeação deverá ser precedida de concurso público, enquanto se realizada em comissão tal exigência não ocorre.

A nomeação em caráter efetivo é ato unilateral que não gera para o servidor vínculo obrigacional, pois este somente se realizará quando do ato da posse.

A posse é ato jurídico bilateral no qual o servidor se investe das atribuições e responsabilidades do cargo. É o momento no qual o nomeado realmente se torna servidor público.

O prazo para que o nomeado tome posse no cargo é de 30 dias, salvo nos casos de licença e afastamento que o prazo deve ter sua contagem iniciada somente quando terminado o motivo do afastamento.

Caso o servidor não tome posse no prazo devido, o ato não se aperfeiçoa e é considerada sem efeito a nomeação.

11.2.2.2 Readaptação

Forma de provimento derivado que ocorre quando o servidor, estável ou não, tenha sofrido limitação física ou mental sendo tal limitação apenas parcial, permitindo que o servidor venha a ocupar outra função compatível com suas limitações.

O cargo provido por readaptação deverá ter atribuições compatíveis com o anterior, respeitando o nível de escolaridade e de vencimentos. Em caso de não existirem vagas dentro desses cargos, o servidor readaptado poderá desenvolver seu novo cargo como excedente.

11.2.2.3 Reintegração

Forma de provimento derivado que ocorre quando o servidor estável que foi demitido tem invalidada a decisão judicial ou administrativa que decidiu por sua demissão. Neste caso, o servidor retornará ao cargo que ocupava originariamente, sem prejuízo de todas as vantagens a que teria feito jus se estivesse desempenhando normalmente seu cargo.

Caso tenha ocorrido extinção do cargo no período em que o servidor esteve afastado, este ficará em disponibilidade até que possa ser aproveitado adequadamente.

Se o cargo que ocupava anteriormente estiver provido por servidor estável, este deverá ser reconduzido ao cargo de origem, sem direito a nenhuma indenização, ou aproveitado em outro cargo, ou ainda colocado em disponibilidade. Se não estável, deverá ser exonerado.

Apesar de não ser expressão legal, pode-se compreender que o servidor não estável que for demitido e tiver invalidado o ato de sua demissão por decisão judicial ou administrativa também possuirá os mesmos direitos de retornar ao cargo anteriormente ocupado, porém, nesse caso, não devemos falar em reintegração, seria um retorno inominado.

11.2.2.4 Aproveitamento

Forma de provimento derivado pela qual o servidor posto em disponibilidade retorna ao desempenho de cargo com atribuições e vencimentos compatíveis com as anteriormente desenvolvidas por ele.

11.2.2.5 Promoção

Forma de provimento derivado aplicável aos cargos escalonados em carreira e sempre referente ao progresso dentro dessa mesma carreira.

Por exemplo, na carreira de defensor público existe um escalonamento vertical de seus cargos, podendo ser organizada na seguinte escala: defensor público de primeira classe, defensor público de segunda classe e defensor público de classe especial.

A passagem de uma classe para outra é o que a lei chama de promoção.

Se houvesse a mudança de cargo, por exemplo, ocorreria a ascensão, o que o STF já julgou inconstitucional, pois poderia afrontar a ordem criteriosa de seleção por meio de concursos públicos.

A promoção não interrompe o tempo de exercício.

11.2.2.6 Reversão

É forma de provimento derivado no qual o servidor aposentado retorna às suas atividades.

Segundo a Medida Provisória (MP) nº 2.225-45/2001, poderá retornar às atividades:

a) O servidor aposentado por invalidez, quando junta médica oficial declarar insubsistentes os motivos da aposentadoria.
b) No interesse da Administração, desde que:
- tenha solicitado a reversão;
- a aposentadoria tenha sido voluntária;
- estável quando na atividade;
- a aposentadoria tenha ocorrido nos cinco anos anteriores à solicitação;
- exista cargo vago.

A reversão deverá ocorrer no mesmo cargo ou no cargo resultante de sua transformação, devendo o tempo em que o servidor estiver em serviço ser considerado para concessão de aposentadoria.

No caso de reversão proveniente de servidor aposentado por incapacidade permanente, encontrando-se provido o cargo, o servidor exercerá suas atribuições como excedente até a ocorrência de vaga.

Sendo o retorno do servidor por interesse da Administração, perceberá o servidor, em substituição aos proventos de aposentadoria, a remuneração do cargo que voltar a exercer, inclusive com as vantagens de natureza pessoal que percebia anteriormente à aposentadoria.

A reversão de servidor por interesse da Administração poderá gerar efeitos de aposentadoria se este passar pelo menos cinco anos no serviço.

11.2.2.7 Recondução

Forma de provimento derivado que se dá pelo retorno do servidor estável ao cargo anteriormente ocupado devido à inabilitação em estágio probatório ou reintegração do anterior ocupante ao cargo.

O STF ampliou seu entendimento quanto à recondução de servidor inabilitado em estágio probatório, indicando que esta situação também deve ser aplicável para aqueles que desistem de continuar no estágio probatório em novo cargo público. Em outras palavras, o servidor que ainda não adquiriu estabilidade no novo cargo poderá retornar ao cargo anteriormente ocupado de forma estável se assim tiver interesse.

11.2.3 Posse

A posse é o ato administrativo pelo qual o servidor é investido em cargo público. Diferente da nomeação é considerada ato bilateral.

O prazo para o nomeado tomar posse é de 30 dias, improrrogáveis, a iniciar-se da nomeação, ou no caso de servidor impedido a contar da data que termine seu impedimento.

Não tomando posse o servidor o ato administrativo não se completa, sendo considerado sem efeito.

11.2.4 Exercício

A partir da data da posse, o servidor possui 15 dias de prazo para efetivamente iniciar o desempenho de suas funções. Esse efetivo desempenho de funções é que se chama exercício do cargo público ou da função de confiança.

No caso da designação de função de confiança, o início do exercício deve ser correspondente à data da publicação do ato de designação da função de confiança, com as ressalvas do servidor que estiver impedido por motivo de licença.

Não entrando o servidor em exercício, o ato administrativo que designou função de confiança deverá tornar sem efeito.

Já aquele que se tornou servidor com a posse, caso não venha a exercer o cargo, deverá ser exonerado.

A jornada de trabalho do servidor público federal deverá respeitar a jornada máxima de 40 horas semanais, sendo respeitado o limite mínimo de seis horas diárias e máximo de 8 horas diárias, sem prejuízo de ser possível a jornada em horário extraordinário não superior a duas horas e com acréscimo de 50%.

11.2.5 Estágio probatório

Inicialmente, pondera-se a previsão estatuída no art. 20 da Lei nº 8.112/1990 determinando que o servidor deveria se submeter durante o período de 24 (vinte e quatro) meses ao estágio probatório. Neste período seria verificado e avaliado o desempenho dos seguintes fatores: assiduidade, disciplina, capacidade de iniciativa, produtividade e responsabilidade.

Ocorre que o art. 41 da CF/1988 aportou regra de que a aquisição da estabilidade no serviço público se daria após o cumprimento do período de três anos, o que leva a crer a necessidade de que o estágio probatório também respeite este período.

Havia divergência na doutrina e nos diversos órgãos da Administração. Porém, com o entendimento proferido no Parecer AC nº 17/2004, aprovado pelo Presidente da República, que é ato normativo vinculante, em consonância com o art. 41 da CF/1988, que trata da aquisição da estabilidade, o estágio probatório passou a respeitar o período de três anos.

Dessa forma, para efeitos gerais, atualmente, o estágio probatório para aquisição de estabilidade no serviço público deve atender o prazo de três anos.

Registre-se o posicionamento do STF, que afirma que, mesmo sendo pacífico que a exoneração não possui natureza punitiva, entende que a exoneração em estágio probatório deve ser precedida de devido processo legal, assegurados o contraditório e a ampla defesa.

Também entende o STF que, em caso de extinção do cargo público durante o período de cumprimento do estágio probatório, deve o servidor público ser exonerado.

11.3 Estabilidade

A estabilidade não possui mais caráter objetivo desde a EC nº 19/1998, passando a ser adquirida após três anos de efetivo exercício para os servidores ocupantes de cargo de provimento efetivo, nomeados mediante concurso público. Além do período de três anos, necessário que o servidor se submeta a avaliação especial de desempenho feita por comissão específica para este fim.

Importante salientar que o servidor, mesmo estável, ou seja, que tenha adquirido a estabilidade, poderá ser afastado do serviço público, nas seguintes hipóteses:

a) sentença judicial transitada em julgado;
b) processo administrativo (garantido ampla defesa);
c) insuficiência de desempenho verificada em avaliação periódica (garantida a ampla defesa);
d) excesso de despesas com pessoal.

O afastamento do servidor estável do serviço público poderá ocorrer de duas formas: ou por demissão ou por exoneração.

Demissão é a perda do cargo por falta grave ou com efeito de sentença penal condenatória transitada em julgado, ou mesmo por falta grave comprovada devidamente por meio de processo administrativo. Sempre com caráter de punição.

Exoneração é a perda do cargo público nos casos de insuficiência de desempenho e excesso de despesa com pessoal.

A exoneração por insuficiência de desempenho depende de lei complementar. Esta hipótese trata de caso de punição, uma vez que é assegurada ao servidor ampla defesa.

Já a exoneração para adequação das despesas com pessoal possui previsão constitucional e infraconstitucional, precisamente na Lei de Responsabilidade Fiscal (LRF). A CF/1988 criou regras que devem preceder o afastamento do servidor estável:

a) a redução em pelo menos 20% das despesas com cargos em comissão funções de confiança;

b) a exoneração dos servidores não estáveis;

c) somente se as disposições mencionadas anteriormente não surtirem efeito é que se poderá afastar servidor estável, devendo seu cargo ser extinto, sem prejuízo da devida indenização.

Não há o que se falar em extinção da estabilidade, mas, sim, flexibilização de tal instituto.

11.4 Vacância

É a vaga existente em um cargo público anteriormente ocupado, permitindo sua ocupação por outro servidor, podendo acarretar definitivamente a extinção do vínculo jurídico entre a Administração e o servidor.

Segundo o art. 33 da Lei nº 8.112/1990, a vacância do cargo público decorrerá de exoneração, demissão, promoção, readaptação, aposentadoria, posse em outro cargo inacumulável, falecimento.

A vacância em alguns casos poderá significar simultaneamente o provimento de outro cargo pelo servidor. Isto ocorre nos casos de promoção, readaptação e posse em outro cargo não acumulável.

Conforme foi comentado anteriormente, um servidor poderá ser inabilitado em estágio probatório de cargo quando já tenha adquirido a estabilidade em outro cargo público, nesse caso também ocorrerá vacância seguida de recondução ao cargo ocupado anteriormente pelo servidor se tal cargo estiver vago.

A exoneração de cargo efetivo dar-se-á a pedido do servidor, ou de ofício.

Será de ofício a exoneração quando não satisfeitas as condições do estágio probatório ou quando, tendo tomado posse, o servidor não entrar em exercício no prazo estabelecido.

Já a exoneração de cargo em comissão e a dispensa de função de confiança dar-se-á a juízo da autoridade competente ou a pedido do próprio servidor.

Mesmo a lei não mencionando, também se considera exoneração:

a) o afastamento do servidor em virtude da extinção de cargo ocupado quando ainda não adquirida a estabilidade;
b) nos casos de reintegração, quando o cargo em que deva ser reintegrado o servidor estiver ocupado por outro servidor que não seja estável;
c) por insuficiência de desempenho;
d) por excesso de despesa com pessoal.

11.5 Remoção

Segundo o art. 36 da Lei nº 8.112/1990, remoção é o deslocamento do servidor, a pedido ou de ofício, no âmbito do mesmo quadro, com ou sem mudança de sede.

Pode-se dar:

a) de ofício, no interesse da Administração;
b) a pedido, a critério da Administração;
c) a pedido, para outra localidade, independentemente do interesse da Administração: (i) para acompanhar cônjuge ou companheiro, também servidor público civil ou militar, de qualquer dos Poderes da União, dos Estados, do Distrito Federal e dos Municípios, que foi deslocado no interesse da Administração; ou (ii) por motivo de saúde do servidor, cônjuge, companheiro ou dependente que viva às suas expensas e conste do seu assentamento funcional, condicionada à comprovação por junta médica oficial; ou ainda (iii) em virtude de processo seletivo promovido, na hipótese em que o número de interessados for superior ao número de vagas, de acordo com normas preestabelecidas pelo órgão ou entidade em que aqueles estejam lotados.

Remoção não é a mesma coisa que transferência. Esta foi afastada da Lei nº 8.112/1990 por ter sido declarada inconstitucional pelo STF.

11.6 Redistribuição

Redistribuição é o deslocamento de cargo de provimento efetivo, ocupado ou vago no âmbito do quadro geral de pessoal, para outro órgão ou entidade do mesmo Poder, com prévia apreciação do órgão central do Sistema de Pessoal Civil da Administração Federal (SIPEC), observados os seguintes preceitos:

a) interesse da administração;
b) equivalência de vencimentos;
c) manutenção da essência das atribuições do cargo;
d) vinculação entre os graus de responsabilidade e complexidade das atividades;
e) mesmo nível de escolaridade, especialidade ou habilitação profissional;
f) compatibilidade entre as atribuições do cargo e as finalidades institucionais do órgão ou entidade.

A redistribuição é uma técnica que permite à Administração Pública adequar seus quadros e sua estrutura, ocorrendo sempre *ex officio*.

11.7 Substituição

Poderão os servidores investidos em cargo ou função de direção ou chefia e os ocupantes de cargo de natureza especial ser substituídos por servidores devidamente indicados no regimento interno ou, no caso de omissão, previamente designados pelo dirigente máximo do órgão ou entidade. Verifica-se que tal faceta ocorre em função do princípio da continuidade.

O substituto assumirá automática e cumulativamente, sem prejuízo do cargo que ocupa, o exercício do cargo ou função de direção ou chefia e os de natureza especial, nos afastamentos, impedimentos legais ou regulamentares do titular e na vacância do cargo, hipóteses em que deverá optar pela remuneração de um deles durante o respectivo período.

O substituto fará jus à retribuição pelo exercício do cargo ou função de direção ou chefia ou de cargo de natureza especial, nos casos dos afastamentos ou impedimentos legais do titular, superiores a 30 dias consecutivos, paga na proporção dos dias de efetiva substituição, que excederem o referido período.

11.8 Direitos e vantagens dos servidores públicos civis da Administração Federal

11.8.1 Vencimento e remuneração

Vencimento nada mais é do que a retribuição pecuniária pelo exercício de cargo público, com valor devidamente fixado em lei, nunca inferior ao salário mínimo vigente.

Já a remuneração possui caráter mais abrangente do que o dado ao vencimento, sendo considerado o vencimento do cargo efetivo, acrescido das vantagens pecuniárias permanentes estabelecidas em lei.

Vencimento e remuneração não se confundem com subsídio, que é a retribuição pecuniária paga aos agentes políticos. Estes são componentes que se encontram na cúpula do Estado, fazem parte dos primeiros escalões do Governo e normalmente possuem funções advindas do próprio texto constitucional, como o Presidente da República, os Ministros e Secretários de Estado, membros do Ministério Público, Ministros do TCU e magistrados em geral.

Provento é a prestação pecuniária percebida por servidor inativo.

Pela natureza alimentar que é conferida pela lei, a remuneração e os proventos não podem ser objeto de arresto, sequestro ou penhora, exceto nos casos de prestação de alimentos por via de decisão judicial.

11.8.2 Vantagens

Pelo entendimento que a Lei nº 8.112/1990 nos dá, considera-se vantagem todo valor recebido que não se enquadre dentro do conceito de vencimento, podendo ou não integrar a remuneração. Dividem-se em indenizações, gratificações, adicionais.

11.8.2.1 Indenizações

As indenizações não fazem parte da remuneração, possuem geralmente caráter eventual e servem para compensar o servidor de despesas realizadas no desempenho de suas atribuições.

Pelo art. 51 da Lei nº 8.112/1990, constituem indenizações ao servidor: ajuda de custo, diárias, transporte e auxílio-moradia.

11.8.2.1.1 Ajuda de custo

A ajuda de custo destina-se a compensar o servidor das despesas de instalação quando, no interesse do serviço público, passar a ter exercício em nova sede, mudando seu domicílio em caráter permanente.

As despesas decorrentes do efetivo deslocamento do servidor e de sua família, bem como as despesas com transporte dos bens pessoais, bagagens serão assumidas pela Administração.

A ajuda de custo é calculada sobre a remuneração do servidor, conforme se dispuser em regulamento, não podendo exceder a importância correspondente a três meses.

O servidor ficará obrigado a restituir a ajuda de custo quando, injustificadamente, não se apresentar na nova sede no prazo de 30 dias.

11.8.2.1.2 Diárias

As diárias são vantagens deferidas para ressarcimento de despesas realizadas extraordinariamente como pousada, alimentação e locomoção urbana, que são concedidas ao servidor que, a serviço da Administração, se afasta da sede em caráter eventual ou transitório para outro ponto do território nacional ou para o exterior.

A diária será concedida por dia de afastamento, sendo devida pela metade quando o deslocamento não exigir pernoite fora da sede, ou quando a União custear, por meio diverso, as despesas extraordinárias cobertas por diárias.

Se o servidor receber diárias e não se afastar da sede, por qualquer motivo, fica obrigado a restituí-las integralmente, no prazo de cinco dias. No mesmo prazo fica obrigado a restituir o excesso de diárias o servidor que retornou à sua sede antes do prazo previsto.

11.8.2.1.3 Indenização de transporte

É a indenização concedida ao servidor que realizar despesas com a utilização de meio próprio de locomoção para a execução de serviços externos, por força das atribuições próprias do cargo.

11.8.2.1.4 Auxílio-moradia

Criado em meados de 2006, o auxílio-moradia consiste no ressarcimento das despesas comprovadamente realizadas pelo servidor com aluguel de moradia ou com meio de hospedagem administrado por empresa hoteleira, no prazo de um mês após a comprovação da despesa pelo servidor.

Para a concessão dessa vantagem ao servidor, os seguintes requisitos devem ser atendidos:

a) não exista imóvel funcional disponível para uso pelo servidor;
b) o cônjuge ou companheiro do servidor não ocupe imóvel funcional;
c) o servidor ou seu cônjuge ou companheiro não seja ou tenha sido proprietário, promitente-comprador, cessionário ou promitente-cessionário de imóvel no Município onde for exercer o cargo, incluída a hipótese de lote edificado sem averbação de construção, nos 12 meses que antecederem a sua nomeação;
d) nenhuma outra pessoa que resida com o servidor receba auxílio-moradia;
e) o servidor tenha se mudado do local de residência para ocupar cargo em comissão ou função de confiança do Grupo-Direção e Assessoramento Superiores (DAS), níveis 4, 5 e 6, de natureza especial, de Ministro de Estado ou equivalentes;
f) o Município no qual assuma o cargo em comissão ou função de confiança não seja limítrofe ou faça parte da mesma região metropolitana em relação ao local de residência ou domicílio do servidor;
g) o servidor não tenha sido domiciliado ou tenha residido no Município, nos últimos 12 meses, onde for exercer o

cargo em comissão ou função de confiança, desconsiderando-se prazo inferior a 60 dias dentro desse período;

h) o deslocamento não tenha sido por força de alteração de lotação ou nomeação para cargo efetivo.

O auxílio-moradia não será concedido por prazo superior a cinco anos dentro de cada período de oito anos, ainda que o servidor mude de cargo ou de município de exercício do cargo.

O valor do auxílio-moradia é limitado a 25% (vinte e cinco por cento) do valor do cargo em comissão ocupado pelo servidor e, em qualquer hipótese, não poderá ser superior ao auxílio-moradia recebido por Ministro de Estado.

No caso de falecimento, exoneração, colocação de imóvel funcional à disposição do servidor ou aquisição de imóvel, o auxílio-moradia continuará sendo pago por um mês.

Essa vantagem somente se aplica aos deslocamentos ocorridos após 30 de junho de 2006, consoante estabelece a MP nº 341, de 29 de dezembro de 2006.

11.8.3 Gratificações e adicionais

Dispostas no art. 61 da Lei nº 8.112/1990, as gratificações e adicionais são espécies de vantagem que, conforme a lei, poderão ou não se incorporar aos vencimentos dos servidores. As formas de gratificações e adicionais elencadas na lei não são taxativas, podendo outras leis fazer previsão de gratificações e de adicionais.

a) **Retribuição pelo exercício de função de direção, chefia e assessoramento:** ao servidor ocupante de cargo efetivo investido em função de direção, chefia ou assessoramento, cargo de provimento em comissão ou de Natureza Especial é devida retribuição pelo seu exercício. O servidor que for nomeado para cargo em comissão será afastado do seu cargo efetivo e receberá além da remuneração deste uma retribuição pelo desempenho do cargo comissionado.

b) **Gratificação natalina:** a gratificação natalina corresponde a 1/12 (um doze avos) da remuneração a que o servidor fizer jus no mês de dezembro, por mês de exercício no respectivo ano, devendo a fração igual ou superior a 15 (quinze) dias ser considerada como mês integral. A gratificação será paga até o dia 20 (vinte) do mês de dezembro de cada ano.

O servidor exonerado perceberá sua gratificação natalina, proporcionalmente aos meses de exercício, calculada sobre a remuneração do mês da exoneração.

c) **Adicional por tempo de serviço:** o adicional por tempo de serviço é devido à razão de 5% (cinco por cento) a cada 5 (cinco) anos de serviço público efetivo prestado à União, às autarquias e às fundações públicas federais, observado o limite máximo de 35% (trinta e cinco por cento), incidente exclusivamente sobre o vencimento básico do cargo efetivo, ainda que investido o servidor em função ou cargo de confiança. O servidor fará jus ao adicional a partir do mês em que completar o quinquênio.

d) **Adicionais de insalubridade, periculosidade ou atividades penosas:** o adicional de insalubridade é devido ao servidor que, em razão de suas funções, mantenha contato permanente com substâncias tóxicas, radioativas.

Já o adicional de periculosidade é devido ao servidor que trabalhe com habitualidade com produtos que ponham em risco sua integridade física. Inflamáveis, explosivos e eletricidade são as fontes reconhecidas como produtoras de periculosidade.

Os adicionais de insalubridade e de periculosidade não podem ser recebidos cumulativamente, devendo, portanto, o servidor optar por um deles.

Segundo a Lei n° 8.279/1991, os adicionais de insalubridade são de 5% (cinco por cento), 10% (dez por cento) e 25% (vinte por cento), de acordo com o risco da atividade, enquanto o adicional de periculosidade é de 10% (dez por cento).

O direito ao adicional de insalubridade ou periculosidade cessa com a eliminação das condições ou dos riscos que deram causa à sua concessão.

A servidora gestante ou lactante será afastada, enquanto durarem a gestação e a lactação, das operações e locais previstos neste artigo, exercendo suas atividades em local salubre e em serviço não penoso e não perigoso.

Na concessão do adicional de penosidade será observada a localidade em que o servidor é lotado, normalmente em zonas de fronteiras ou em locais cuja condição de vida o justifique.

Os locais de trabalho e os servidores que operam com raios-x ou substâncias radioativas serão mantidos sob controle permanente, de modo que as doses de radiação ionizante não ultrapassem o nível máximo previsto na legislação própria, devendo tais servidores se submeterem a exames médicos a cada seis meses.

e) **Adicional por serviço extraordinário:** entende-se por serviço extraordinário aquele que é realizado além da jornada habitual de trabalho. Tal serviço deve ser remunerado com acréscimo de 50% (cinquenta por cento) em relação à hora normal de trabalho.

O serviço extraordinário somente será permitido para atender a situações excepcionais e temporárias, respeitado o limite máximo de 2 (duas) horas por jornada e 44 (quarenta e quatro) horas semanais.

- f) **Adicional noturno:** o adicional noturno é devido por serviço prestado em horário compreendido entre 22 (vinte e duas) horas de um dia e 5 (cinco) horas do dia seguinte, possuindo valor-hora acrescido de 25% (vinte e cinco por cento) do prestado em horário normal, computando-se cada hora como 52 minutos e 30 segundos.

- g) **Adicional de férias:** o adicional de férias possui respaldo constitucional, chamado de terço constitucional; é o valor devido ao servidor, independentemente de sua solicitação, e que é pago por ocasião de suas férias, na proporção correspondente a 1/3 (um terço) da remuneração do período das férias. No caso de o servidor exercer função de direção, chefia ou assessoramento, ou ocupar cargo em comissão, a respectiva vantagem será considerada no cálculo do adicional de que trata este artigo.

- h) **Gratificação por encargo de curso ou concurso:** introduzida pela Lei nº 11.314, de 03 de julho de 2006, a gratificação por encargo de curso ou concurso é devida ao servidor que, em caráter eventual:

- atuar como instrutor em curso de formação, de desenvolvimento ou de treinamento regularmente instituído no âmbito da Administração Pública Federal;
- participar de banca examinadora ou de comissão para exames orais, para análise curricular, para correção de provas

discursivas, para elaboração de questões de provas ou para julgamento de recursos intentados por candidatos;
- participar da logística de preparação e de realização de concurso público envolvendo atividades de planejamento, coordenação, supervisão, execução e avaliação de resultado, quando tais atividades não estiverem incluídas entre as suas atribuições permanentes;
- participar da aplicação, fiscalizar ou avaliar provas de exame vestibular ou de concurso público, ou supervisionar essas atividades.

Os critérios de concessão e os limites da gratificação serão fixados em regulamento próprio, porém, desde já observados os seguintes parâmetros:

- o valor da gratificação será calculado em horas, observadas a natureza e a complexidade da atividade exercida;
- a retribuição não poderá ser superior ao equivalente a 120 (cento e vinte) horas de trabalho anuais, ressalvada situação de excepcionalidade, devidamente justificada e previamente aprovada pela autoridade máxima do órgão ou entidade, que poderá autorizar o acréscimo de até 120 (cento e vinte) horas de trabalho anuais.

O valor máximo da hora trabalhada corresponderá a percentuais preestabelecidos, incidentes sobre o maior vencimento básico da Administração Pública Federal:

- A gratificação por encargo de curso ou concurso somente será paga se as atividades forem exercidas sem prejuízo das atribuições do cargo de que o servidor for titular, devendo ser objeto de compensação de carga horária quando desempenhadas durante a jornada de trabalho. Tais gratificações não se incorporam ao vencimento ou salário do servidor para qualquer efeito e não poderão ser utilizadas como base de cálculo para quaisquer outras vantagens, inclusive para fins de cálculo dos proventos da aposentadoria e das pensões.

11.9 Férias

Também com previsão constitucional as férias são direito do servidor e constituem-se no período de 30 dias, que podem ser acumuladas, até o máximo de dois períodos, no caso de necessidade do serviço, ressalvadas as hipóteses em que haja legislação específica.

Para o primeiro período aquisitivo de férias serão exigidos 12 (doze) meses de exercício, não se podendo levar à conta de férias qualquer falta ao serviço.

As férias poderão ser parceladas em até três etapas, desde que assim requeridas pelo servidor, e no interesse da Administração Pública. Caso o servidor venha a acumular mais de dois períodos, perderá o direito ao excedente.

O pagamento da remuneração das férias será efetuado até dois dias antes do início do respectivo período.

O servidor exonerado do cargo efetivo, ou em comissão, perceberá indenização relativa ao período das férias a que tiver direito e ao incompleto, na proporção de 1/12 (um doze avos) por mês de efetivo exercício, ou fração superior a 14 (catorze) dias, calculada com base na remuneração do mês em que for publicado o ato exoneratório.

Em caso de parcelamento, o servidor receberá o valor adicional de 1/3 (um terço) quando da utilização do primeiro período.

O servidor que opera direta e permanentemente com raios-x ou substâncias radioativas gozará 20 (vinte) dias consecutivos de férias, por semestre de atividade profissional, proibida em qualquer hipótese a acumulação.

As férias servem para equilibrar o bem-estar do servidor, são um momento de descanso das atividades rotineiras, por isso somente poderão ser interrompidas por motivo de calamidade pública, comoção interna, convocação para júri, serviço militar ou eleitoral, ou por necessidade do serviço declarada pela autoridade máxima do órgão ou entidade, devendo o restante do período interrompido ser gozado de uma só vez.

11.10 Licenças

A Lei n° 8.112/1990 prevê a concessão de licença ao servidor:

a) por motivo de doença em pessoa da família;
b) por motivo de afastamento do cônjuge ou companheiro;
c) para o serviço militar;
d) para atividade política;
e) para capacitação;
f) para tratar de interesses particulares;
g) para desempenho de mandato classista;
h) por motivo de doença em pessoa da família.

Poderá ser concedida licença ao servidor por motivo de doença do cônjuge ou companheiro, dos pais, dos filhos, do padrasto ou madrasta e enteado, ou dependente que viva às suas expensas e conste do seu assentamento funcional, devendo essa licença ser precedida de exame por médico ou junta médica oficial.

O servidor, para receber a concessão de licença por motivo de doença em pessoa da família, deverá comprovar ser indispensável sua assistência direta, e que esta não pode ser prestada simultaneamente com o exercício do cargo.

Durante o período dessa licença é vedado ao servidor desenvolver qualquer atividade remunerada.

O tempo máximo que pode perdurar essa licença, sem prejuízo da remuneração do cargo efetivo, são 30 dias, podendo ser prorrogada por até 30 dias. Após esse prazo, poderá ser concedida a licença sem qualquer remuneração por até mais 90 dias.

a) **Licença por motivo de afastamento do cônjuge:** poderá ser concedida licença por prazo indeterminado e sem remuneração ao servidor para acompanhar cônjuge ou companheiro que foi deslocado para outro ponto do território nacional, para o exterior ou para o exercício de mandato eletivo dos Poderes Executivo e Legislativo.

O cônjuge ou companheiro que também seja servidor público, civil ou militar, de qualquer dos Poderes da União, dos Estados, do Distrito Federal e dos Municípios, poderá provisoriamente desenvolver atribuições em órgão ou entidade da Administração Federal direta, autárquica ou fundacional, desde que compatível com o seu cargo.

b) **Licença para o serviço militar:** ao servidor convocado para o serviço militar será concedida licença por tempo indeterminado, perdurando enquanto estiver em serviço militar, na forma e condições previstas na legislação específica.

Concluído o serviço militar, o servidor terá até 30 (trinta) dias sem remuneração para reassumir o exercício do cargo.

c) **Licença para atividade política:** o servidor terá direito a licença, sem remuneração, durante o período que mediar entre a sua escolha em convenção partidária, como candidato a cargo eletivo, e a véspera do registro de sua candidatura perante a Justiça Eleitoral.

O servidor candidato a cargo eletivo na localidade onde desempenha suas funções e que exerça cargo de direção, chefia, assessoramento, arrecadação ou fiscalização, dele será afastado, a partir do dia imediato ao do registro de sua candidatura perante a Justiça Eleitoral, até o décimo dia seguinte ao do pleito.

A partir do registro da candidatura e até o 10º dia seguinte ao da eleição, o servidor fará jus à licença, assegurados os vencimentos do cargo efetivo, somente pelo período de três meses.

d) **Licença para capacitação:** após cada quinquênio de efetivo exercício, o servidor poderá, no interesse da Administração, afastar-se do exercício do cargo efetivo, com a respectiva remuneração, por até três meses, para participar de curso de capacitação profissional.

Não é acumulável a concessão dessa licença.

e) **Licença para tratar de interesses particulares:** a critério da Administração Pública poderá ser concedida ao servidor ocupante de cargo efetivo, desde que não esteja em estágio probatório, licença para o trato de assuntos particulares pelo prazo de até três anos consecutivos, sem remuneração, prorrogável uma única vez por período não superior a esse limite.

A licença poderá ser interrompida, a qualquer tempo, a pedido do servidor ou no interesse do serviço, não podendo ser concedida nova licença antes de decorridos dois anos do término da anterior ou de sua prorrogação.

f) **Licença para o desempenho de mandato classista:** é assegurado ao servidor o direito à licença sem remuneração para o desempenho de mandato em confederação, federação, associação de classe de âmbito nacional, sindicato representativo da categoria ou entidade fiscalizadora da profissão ou, ainda, para participar de gerência ou administração em sociedade cooperativa constituída por servidores públicos para prestar serviços a seus membros.

Somente poderão ser licenciados servidores eleitos para cargos de direção ou representação nas referidas entidades, desde que cadastradas no órgão competente.

A licença terá duração igual à do mandato, podendo ser prorrogada, no caso de reeleição.

g) **Licença para tratamento de saúde:** concedida de ofício ou a pedido do servidor, essa licença será concedida ao servidor mediante prévia análise de perícia médica oficial, sem prejuízo de suas remunerações.

Concluído o prazo atribuído à licença, o servidor se submeterá a nova inspeção que julgará pela necessidade de prorrogação ou não da licença.

O prazo máximo para concessão de tal licença é de 24 meses. Em sendo concluída pela falta de capacidade do servidor de retornar às suas atividades, ele deverá ser aposentado por incapacidade permanente.

h) **Licença-maternidade, adotante e paternidade:** a licença gestante possui disciplina constitucional, constituindo-se no período de 120 dias de licença em que a trabalhadora possui para melhor amparar seu rebento, sem prejuízo de sua remuneração. De bom alvitre recordar que o Decreto nº 6.690/2008 prorroga o prazo da licença por mais 60 (sessenta) dias.

Poderá, se assim for o interesse da servidora, ser concedido a partir do primeiro dia do nono mês de gestação, salvo se dispuser de forma diferente junta médica oficial ou em caso de nascimento prematuro.

Em caso de natimorto o período de licença deverá ser de 30 dias.

Em caso de adoção ou guarda judicial de criança com até um ano de idade o período de licença é de 90 dias. Se tiver a criança mais de um ano o período será de 30 dias. De igual modo, há prorrogação nesse período, conforme o Decreto nº 6.690/2008.

O servidor terá cinco dias de licença-paternidade, sem prejuízo de sua remuneração.

11.11 Afastamentos

11.11.1 Afastamento para servir a outro órgão ou entidade

O servidor poderá ser cedido para ter exercício em outro órgão ou entidade dos Poderes da União, dos Estados, ou do Distrito Federal e dos Municípios para exercício de cargo em comissão ou função de confiança ou em casos previstos em leis específicas.

A cessão para órgãos ou entidades dos Estados, do Distrito Federal ou dos Municípios, o ônus da remuneração, será do órgão ou entidade cessionária, mantido o ônus para o cedente nos demais casos.

Sendo o servidor cedido para empresa pública ou sociedade de economia mista, nos termos das respectivas normas, poderá optar pela remuneração do cargo efetivo ou pela remuneração do cargo efetivo acrescida de percentual da retribuição do cargo em comissão. Nesse caso a entidade cessionária efetuará o reembolso das despesas realizadas pelo órgão ou entidade de origem.

11.11.2 Afastamento para exercício de mandato eletivo

Quando for o servidor investido em mandato eletivo federal, estadual ou distrital, ficará afastado do cargo.

Sendo investido no mandato de prefeito, será afastado do cargo, sendo-lhe facultado optar pela sua remuneração.

Já para o exercício da vereança, havendo compatibilidade de horário, perceberá as vantagens de seu cargo, sem prejuízo da remuneração do cargo eletivo. Entretanto, se não houver compatibilidade de horário, será afastado do cargo, sendo-lhe facultado optar pela sua remuneração.

O servidor investido em mandato eletivo ou classista não poderá ser removido ou redistribuído de ofício para localidade diversa daquela em que exerce o mandato.

11.11.3 Afastamento para estudo ou missão no exterior

Para se ausentar do país para estudo ou missão oficial, o servidor deverá possuir autorização do Presidente da República, Presidente dos Órgãos do Poder Legislativo e Presidente do STF.

Tal ausência não excederá a quatro anos, e finda a missão ou estudo, somente decorrido igual período, será permitida nova ausência. Ao servidor beneficiado pelo disposto no art. 95 da Lei nº 8.112/1990 não será concedida exoneração ou licença para tratar de interesse particular antes de decorrido período igual ao do afastamento, ressalvada a hipótese de ressarcimento da despesa havida com seu afastamento.

O ora disposto não se aplica aos servidores da carreira diplomática.

O afastamento de servidor para servir em organismo internacional de que o Brasil participe ou com o qual coopere dar-se-á com perda total da remuneração.

11.12 Concessões

O servidor poderá se ausentar do serviço, sem qualquer prejuízo:

a) por um dia, para doação de sangue;
b) por dois dias, para se alistar como eleitor;
c) por oito dias consecutivos em razão de casamento, falecimento do cônjuge, companheiro, pais, madrasta ou padrasto, filhos, enteados, menor sob guarda ou tutela e irmãos.

Ao servidor estudante será concedido horário especial, quando comprovada a incompatibilidade entre o horário escolar e o da repartição, sem prejuízo do exercício do cargo, devendo ser cumprida a compensação de horário no órgão ou entidade que tiver exercício.

Ademais, ao servidor estudante que mudar de sede no interesse da Administração é assegurada, na localidade da nova residência ou na mais próxima, matrícula em instituição de ensino congênere, em qualquer época, independentemente de vaga, sendo tal direito estendido ao seu cônjuge ou companheiro, aos filhos, ou enteados que vivam na sua companhia, bem como aos menores sob sua guarda, com autorização judicial.

Também será concedido horário especial ao servidor portador de deficiência, quando comprovada a necessidade por junta médica oficial, independentemente de compensação de horário; da mesma forma poderá tal direito ser estendido ao cônjuge, filho ou dependente portador de deficiência física, exigindo-se, porém, neste caso, compensação de horário.

11.13 Jurisprudência dos tribunais superiores acerca do tema estudado

Súmula Vinculante nº 55, STF: O direito ao auxílio-alimentação não se estende aos servidores inativos.

Súmula Vinculante nº 42, STF: É inconstitucional a vinculação do reajuste de vencimentos de servidores estaduais ou municipais a índices federais de correção monetária.

Súmula Vinculante nº 37, STF: Não cabe ao Poder Judiciário, que não tem função legislativa, aumentar vencimentos de servidores públicos sob o fundamento de isonomia.

Súmula Vinculante nº 33, STF: Aplicam-se ao servidor público, no que couber, as regras do Regime Geral de Previdência Social sobre aposentadoria especial de que trata o artigo 40, § 4º, inciso III, da Constituição Federal, até a edição de lei complementar específica.

Súmula Vinculante nº 16, STF: Os arts. 7º, IV, e 39, § 3º (redação da EC 19/1998), da Constituição, referem-se ao total da remuneração percebida pelo servidor.

Súmula Vinculante nº 15, STF: O cálculo de gratificações e outras vantagens do servidor público não incide sobre o abono utilizado para se atingir o salário mínimo.

Súmula Vinculante nº 3, STF: Nos processos perante o Tribunal de Contas da União asseguram-se o contraditório e a ampla defesa quando da decisão puder resultar anulação ou revogação de ato administrativo que beneficie o interessado, excetuada a apreciação da legalidade do ato de concessão inicial de aposentadoria, reforma e pensão.

Súmula nº 682, STF: Não ofende a Constituição a correção monetária no pagamento com atraso dos vencimentos de servidores públicos.

Súmula nº 681, STF: É inconstitucional a vinculação do reajuste de vencimentos de servidores estaduais ou municipais a índices federais de correção monetária.

Súmula nº 680, STF: O direito ao auxílio-alimentação não se estende aos servidores inativos.

Súmula nº 339, STF: Não cabe ao Poder Judiciário, que não tem função legislativa, aumentar vencimentos de servidores públicos sob fundamento de isonomia.

Súmula nº 359, STF: Ressalvada a revisão prevista em lei, os proventos da inatividade regulam-se pela lei vigente ao tempo em que o militar, ou o servidor civil, reuniu os requisitos necessários.

Súmula nº 47, STF: Reitor de universidade não é livremente demissível pelo presidente da república durante o prazo de sua investidura.

Súmula nº 36, STF: Servidor vitalício está sujeito à aposentadoria compulsória, em razão da idade.

Súmula nº 39, STF: À falta de lei, funcionário em disponibilidade não pode exigir, judicialmente, o seu aproveitamento, que fica subordinado ao critério de conveniência da administração.

Súmula nº 22, STF: O estágio probatório não protege o funcionário contra a extinção do cargo.

Súmula nº 21, STF: Funcionário em estágio probatório não pode ser exonerado nem demitido sem inquérito ou sem as formalidades legais de apuração de sua capacidade.

Súmula nº 20, STF: É necessário processo administrativo com ampla defesa, para demissão de funcionário admitido por concurso.

Súmula nº 552, STJ: O portador de surdez unilateral não se qualifica como pessoa com deficiência para o fim de disputar as vagas reservadas em concursos públicos.

Súmula nº 378, STJ: Reconhecido o desvio de função, o servidor faz jus às diferenças salariais decorrentes.

12

Regime disciplinar do servidor público

12.1 Regime disciplinar

Em atenção aos princípios da moralidade e hierarquia, aqueles que cometem falta no exercício dos serviços públicos devem sofrer sanção, com caráter punitivo e educativo.

12.1.1 Deveres

Dentre as disposições disciplinadas trazidas pela Lei nº 8.112/1990, o art. 116 trata dos deveres do servidor. Tais deveres são entendidos como genéricos, devendo ser perseguidos por todos os servidores. São deveres dos servidores:

> I – exercer com zelo e dedicação as atribuições do cargo;
>
> II – ser leal às instituições a que servir;
>
> III – observar as normas legais e regulamentares;
>
> IV – cumprir as ordens superiores, exceto quando manifestamente ilegais;
>
> V – atender com presteza:
>
> (...)

VI – levar as irregularidades de que tiver ciência em razão do cargo ao conhecimento da autoridade superior ou, quando houver suspeita de envolvimento desta, ao conhecimento de outra autoridade competente para apuração;

VII – zelar pela economia do material e a conservação do patrimônio público;

VIII – guardar sigilo sobre assunto da repartição;

IX – manter conduta compatível com a moralidade administrativa;

X – ser assíduo e pontual ao serviço;

XI – tratar com urbanidade as pessoas;

XII – representar contra ilegalidade, omissão ou abuso de poder.

12.2 Proibições

Já quanto às proibições, fixa o art. 117 da Lei n° 8.112/1990 de forma mais específica:

a) ausentar-se do serviço durante o expediente, sem prévia autorização do chefe imediato;

b) retirar, sem prévia anuência da autoridade competente, qualquer documento ou objeto da repartição;

c) recusar fé a documentos públicos;

d) opor resistência injustificada ao andamento de documento e processo ou execução de serviço;

e) promover manifestação de apreço ou desapreço no recinto da repartição;

f) cometer a pessoa estranha à repartição, fora dos casos previstos em lei, o desempenho de atribuição que seja de sua responsabilidade ou de seu subordinado;

g) coagir ou aliciar subordinados no sentido de filiarem-se a associação profissional ou sindical, ou a partido político;
h) manter sob sua chefia imediata, em cargo ou função de confiança, cônjuge, companheiro ou parente até o segundo grau civil;
i) valer-se do cargo para lograr proveito pessoal ou de outrem, em detrimento da dignidade da função pública;
j) participar de gerência ou administração de sociedade privada, personificada ou não personificada, exercer o comércio, exceto na qualidade de acionista, cotista ou comanditário;
k) atuar, como procurador ou intermediário, junto a repartições públicas, salvo quando se tratar de benefícios previdenciários ou assistenciais de parentes até o segundo grau, e de cônjuge ou companheiro;
l) receber propina, comissão, presente ou vantagem de qualquer espécie, em razão de suas atribuições;
m) aceitar comissão, emprego ou pensão de estado estrangeiro;
n) praticar usura sob qualquer de suas formas;
o) proceder de forma desidiosa;
p) utilizar pessoal ou recursos materiais da repartição em serviços ou atividades particulares;
q) cometer a outro servidor atribuições estranhas ao cargo que ocupa, exceto em situações de emergência e transitórias;
r) exercer quaisquer atividades que sejam incompatíveis com o exercício do cargo ou função e com o horário de trabalho;
s) recusar-se a atualizar seus dados cadastrais quando solicitado.

12.3 Acumulação

Ressalvados os casos previstos na Constituição, é vedada a acumulação remunerada de cargos públicos.

A proibição de acumular estende-se a cargos, empregos e funções em autarquias, fundações públicas, empresas públicas, sociedades de economia mista da União, do Distrito Federal, dos Estados, dos Territórios e dos Municípios.

A acumulação de cargos, ainda que lícita, fica condicionada à comprovação da compatibilidade de horários.

O servidor não poderá exercer mais de um cargo em comissão, exceto interinamente, nem ser remunerado pela participação em órgão de deliberação coletiva.

O servidor vinculado ao regime da Lei nº 8.112/1990, que acumular licitamente dois cargos efetivos, quando investido em cargo de provimento em comissão, ficará afastado de ambos os cargos efetivos, salvo na hipótese em que houver compatibilidade de horário e local com o exercício de um deles, declarada pelas autoridades máximas dos órgãos ou entidades envolvidos.

12.4 Responsabilidades do servidor

O servidor responde civil, penal e administrativamente pelo exercício irregular de suas atribuições. Tal responsabilidade decorre de ato omissivo ou comissivo, doloso ou culposo, que resulte em prejuízo ao erário ou a terceiros. Responderá o servidor perante a Fazenda Pública, em ação regressiva.

A obrigação de reparar o dano estende-se aos sucessores, e contra eles será executada, até o limite do valor da herança recebida.

As sanções civis, penais e administrativas poderão se cumular, sendo independentes entre si.

A responsabilidade administrativa do servidor será afastada no caso de absolvição criminal que negue a existência do fato ou sua autoria.

12.5 Penalidades

Poderão ser aplicadas as penalidades de:

- advertência;
- suspensão;
- demissão;
- cassação de aposentadoria ou disponibilidade;
- destituição de cargo em comissão;
- destituição de função comissionada.

Na aplicação da penalidade serão considerados a natureza e a gravidade da infração cometida, os danos que dela provierem para o serviço público, as circunstâncias agravantes ou atenuantes e os antecedentes funcionais, mencionando o fundamento legal e a causa de sanção disciplinar, garantido o direito constitucional ao contraditório e à ampla defesa.

A doutrina tradicional considera a aplicação de sanção disciplinar como hipótese de exercício do poder discricionário, porém, deve ser observado que, embora haja alguma discricionariedade, a margem de atuação do administrador é mínima, uma vez que, havendo necessidade de imposição de sanção, ele deverá fazê-lo.

   a) **Advertência:** a penalidade de advertência é aplicada por escrito, nos casos de violação às proibições descritas na sequência e quando o servidor não observa dever funcional, e que não seja justificada a aplicação de pena mais grave.

Após três anos, se o servidor não praticar nova infração, terá cancelado tal registro de seus apontamentos, não produzindo, porém, efeitos retroativos.

Aplica-se a penalidade de advertência quando:

- se ausentar do serviço durante o expediente, sem prévia autorização do chefe imediato;
- retirar, sem prévia anuência da autoridade competente, qualquer documento ou objeto da repartição;
- recusar fé a documentos públicos;
- opor resistência injustificada ao andamento de documento e processo ou execução de serviço;
- promover manifestação de apreço ou desapreço no recinto da repartição;
- cometer a pessoa estranha à repartição, fora dos casos previstos em lei, o desempenho de atribuição que seja de sua responsabilidade ou de seu subordinado;
- coagir ou aliciar subordinados no sentido de se filiarem a associação profissional ou sindical, ou a partido político;
- manter sob sua chefia imediata, em cargo ou função de confiança, cônjuge, companheiro ou parente até o segundo grau civil;
- se recusar a atualizar seus dados cadastrais quando solicitado.

b) **Suspensão:** já a suspensão é aplicada em caso de reincidência das faltas punidas com advertência e que não justificam a demissão do servidor, não podendo exceder 90 dias. Os servidores suspensos não farão jus à remuneração do período em que estiverem suspensos, bem como tal período não deverá ser computado como tempo de serviço.

Segundo o art. 130 da Lei nº 8.112/1990 o servidor que não se submeter à inspeção médica determinada pela autoridade competente será suspenso por 15 dias.

Se oportuno e conveniente para a administração, poderá o servidor ter convertida sua pena de suspensão em multa no valor de 50% por dia de vencimento ou remuneração, pelo período em que perduraria a suspensão.

Após cinco anos do efetivo registro, se o servidor não praticar nova infração, terá cancelado tal registro de seus apontamentos, não produzindo, porém, efeitos retroativos.

c) **Demissão:** a demissão será aplicada nos seguintes casos:

- crime contra a Administração Pública;
- abandono de cargo;
- inassiduidade habitual;
- improbidade administrativa;
- incontinência pública e conduta escandalosa, na repartição;
- insubordinação grave em serviço;
- ofensa física, em serviço, a servidor ou a particular, salvo em legítima defesa própria ou de outrem;
- aplicação irregular de dinheiros públicos;
- revelação de segredo do qual se apropriou em razão do cargo;
- lesão aos cofres públicos e dilapidação do patrimônio nacional;
- corrupção;
- acumulação ilegal de cargos, empregos ou funções públicas;
- transgressão dos incisos IX a XVI do art. 117;
- valer-se do cargo para lograr proveito pessoal ou de outrem, em detrimento da dignidade da função pública;

- participar de gerência ou administração de sociedade privada, personificada ou não personificada, salvo a participação nos conselhos de administração e fiscal de empresas ou entidades em que a União detenha, direta ou indiretamente, participação no capital social ou em sociedade cooperativa constituída para prestar serviços a seus membros, e exercer o comércio, exceto na qualidade de acionista, cotista ou comanditário;
- atuar, como procurador ou intermediário, junto a repartições públicas, salvo quando se tratar de benefícios previdenciários ou assistenciais de parentes até o segundo grau, e de cônjuge ou companheiro;
- receber propina, comissão, presente ou vantagem de qualquer espécie, em razão de suas atribuições;
- aceitar comissão, emprego ou pensão de estado estrangeiro;
- praticar usura sob qualquer de suas formas;
- proceder de forma desidiosa;
- utilizar pessoal ou recursos materiais da repartição em serviços ou atividades particulares.

Nos casos daqueles que estão aposentados ou disponíveis e que cometeram faltas que poderiam ser punidas com demissão quando no exercício do cargo, poderão ter cassada sua aposentadoria ou disponibilidade.

Os que ocupam cargos em comissão e que cometerem infrações sujeitas a penalidade de suspensão e de demissão serão destituídos.

12.6 Prescrição

A prescrição da ação disciplinar ocorre a partir da data em que o fato se tornou conhecido, sendo:

- em 5 (cinco) anos, quanto às infrações puníveis com demissão, cassação de aposentadoria ou disponibilidade e destituição de cargo em comissão;
- em 2 (dois) anos, quanto à suspensão;
- em 180 (cento e oitenta) dias, quanto à advertência.

Interrompem a prescrição a abertura de sindicância e a instauração de processo disciplinar, até a decisão final ser proferida pela autoridade competente.

12.7 Responsabilidades

Por seus atos infracionais os servidores respondem não somente na esfera administrativa, mas também nas esferas civil e penal.

Conforme outrora explicado, a responsabilidade civil do servidor perante a Administração é do tipo subjetiva, ou seja, depende de dolo ou culpa.

Na ação regressiva, que é a ação ajuizada pelo Estado contra o servidor buscando ser ressarcido de seu prejuízo, deverá o Estado provar que houve culpa ou dolo na atuação do servidor que gerou o dano.

Segundo o art. 125 da Lei nº 8.112/1990, "as sanções civis, penais e administrativas poderão cumular-se, sendo independentes entre si".

A responsabilidade administrativa do servidor será afastada no caso de absolvição criminal que negue a existência do fato ou sua autoria. Enquanto, havendo condenação criminal transitada em julgado, implica interferência nas esferas civil e administrativa. A absolvição penal por ausência de culpabilidade ou insuficiência de provas não gera quaisquer efeitos nas demais esferas.

12.8 Sindicância e Processo Administrativo Disciplinar (PAD)

A sindicância e o PAD são meios de apuração de irregularidades cometidas por servidores públicos no exercício de suas atribuições. Estão disciplinadas na Lei nº 8.112/1990, em seus arts. 143 a 182.

A sindicância é utilizada para apurar fatos infracionais de menor potencial lesivo cometido pelo servidor e que se sujeitam às sanções de advertência e suspensão de até 30 dias.

Já o PAD será utilizado para apuração de fatos que são punidos com demissão, cassação de aposentadoria ou disponibilidade, destituição de cargo em comissão, destituição de função comissionada e nos casos de suspensão superior a 30 dias.

12.8.1 Sindicância

Menos prolixa do que o PAD, a sindicância é utilizada para apurar irregularidades praticadas por servidores, podendo resultar em:

a) arquivamento do processo;
b) aplicação de penalidade de advertência ou suspensão de até 30 (trinta) dias;
c) instauração de processo disciplinar.

A sindicância deverá ser concluída em 30 dias, podendo tal prazo ser prorrogado por igual período.

Tendo caráter meramente investigativo, a sindicância não conferirá ao servidor o direito ao contraditório e à ampla defesa, somente sendo devidos estes se adentrar no caráter acusatório.

Vale salientar que a sindicância não é fase do PAD, porém, se, a partir da instauração da sindicância, vier a se descobrir fato que ensejaria punição mais grave, na qual caberia PAD, poderá a sindicância ser encaminhada para a formação do PAD.

Quando a sindicância tomar forma acusatória, será citado o indiciado para apresentar defesa escrita no prazo de 10 dias.

A sindicância poderá ser conduzida por um sindicante ou por comissão de até três membros, formada por servidores ocupantes do mesmo cargo ou de cargo superior ao indiciado.

12.8.2 Processo Administrativo Disciplinar (PAD)

O processo disciplinar é o instrumento destinado a apurar responsabilidade de servidor por infração praticada no exercício de suas atribuições, ou que tenha relação com as atribuições do cargo em que se encontre investido. Inicialmente, instaura-se o PAD pela publicação de portaria que designa uma comissão que terá como objeto acompanhar e realizar as investigações emitindo relatório final conclusivo sobre a procedência ou não das acusações, o qual será acatado pela autoridade julgadora, salvo se não estiver em consonância com as provas dos autos.

O processo disciplinar será conduzido por comissão composta de três servidores estáveis designados pela autoridade competente que indicará, dentre eles, o seu presidente, que deverá ser ocupante de cargo efetivo superior ou de mesmo nível, ou ter nível de escolaridade igual ou superior ao do indiciado.

A Comissão terá como secretário servidor designado pelo seu presidente, podendo a indicação recair em um de seus membros, estando impedido de participar de comissão de sindicância ou de inquérito, cônjuge, companheiro ou parente do acusado, consanguíneo ou afim, em linha reta ou colateral, até o terceiro grau.

A instauração do PAD é obrigatória para a autoridade competente que tomar conhecimento da existência de infração disciplinar cometida por servidor.

Para o servidor que não for autoridade competente para instaurar o PAD, deve denunciar a existência de irregularidades na Administração. Tal denúncia não poderá ser anônima e nem oral.

O processo disciplinar se desenvolve nas seguintes fases:

a) instauração, com a publicação do ato que constituir a comissão;
b) inquérito administrativo, que compreende instrução, defesa e relatório;
c) julgamento.

O prazo para a conclusão do processo disciplinar não excederá 60 (sessenta) dias, contados da data de publicação do ato que constituir a comissão, admitida a sua prorrogação por igual prazo, quando as circunstâncias o exigirem.

Sempre que necessário, a comissão dedicará tempo integral aos seus trabalhos, ficando seus membros dispensados do ponto, até a entrega do relatório final.

Como medida cautelar, e a fim de que o servidor não venha a influir na apuração da irregularidade, a autoridade instauradora do processo disciplinar poderá determinar o seu afastamento do exercício do cargo, pelo prazo de até 60 (sessenta) dias, sem prejuízo da remuneração, podendo tal prazo ser prorrogado pelo mesmo período uma única vez.

12.9 Inquérito administrativo

O inquérito administrativo se divide em três fases: instrução, defesa e relatórios.

12.9.1 Instrução

Considerada a principal fase do inquérito administrativo é na instrução que a comissão poderá levantar as informações sobre fatos e evidências que estão sendo reunidas contra o servidor.

Caso tenha havido sindicância prévia, esta integrará o processo disciplinar como peça meramente informativa da instrução. Entretanto, caso a sindicância tenha concluído que a infração está capitulada como ilícito penal, a autoridade competente encaminhará cópia dos autos ao Ministério Público, independentemente da imediata instauração do processo disciplinar.

Durante a instrução, a comissão promoverá a tomada de depoimentos, acareações, investigações e diligências cabíveis, objetivando a coleta de prova, recorrendo, quando necessário, a técnicos e peritos, de modo a permitir a completa elucidação dos fatos, podendo o presidente da comissão denegar pedidos considerados impertinentes, meramente protelatórios, ou de nenhum interesse para o esclarecimento dos fatos. Deve também o presidente da comissão indeferir pedido de prova pericial, quando a comprovação do fato independer de conhecimento especial de perito.

O servidor poderá acompanhar o processo pessoalmente ou por intermédio de procurador, arrolar e reinquirir testemunhas, produzir provas e contraprovas e formular quesitos, quando se tratar de prova pericial.

As testemunhas serão intimadas a depor mediante mandado expedido pelo presidente da comissão, devendo a segunda via, com o ciente do interessado, ser anexada aos autos e, em sendo a testemunha servidor público, a expedição do mandado será imediatamente comunicada ao chefe da repartição onde serve, com a indicação do dia e da hora marcados para inquirição. O depoimento será prestado oralmente e reduzido a termo, sendo as testemunhas inquiridas separadamente.

Havendo contradição nos depoimentos das testemunhas, será realizada a acareação entre os depoentes com o intuito de se verificar quem fala a verdade.

Concluída a oitiva das testemunhas, a comissão promoverá o interrogatório do acusado, respeitando as mesmas regras utilizadas na inquirição das testemunhas, inclusive na oitiva separada e até mesmo quanto à acareação quando divergirem em suas declarações sobre fatos ou circunstâncias.

Os acusados, bem como as testemunhas, poderão ser assistidos em seus interrogatórios por advogado, sendo-lhe vedado interferir nas perguntas e respostas, concedida, porém, a possibilidade de reinquiri-las, por intermédio do presidente da comissão.

Sendo concluída pela ocorrência da infração disciplinar, será o servidor indiciado com a especificação dos fatos a ele imputados e das respectivas provas.

Se concluir que não há provas ou se entender que o fato não caracteriza infração, o processo administrativo será arquivado.

O indiciado será citado por mandado expedido pelo presidente da comissão para apresentar defesa escrita, no prazo de 10 (dez) dias. Havendo dois ou mais indiciados, o prazo será comum e de 20 (vinte) dias. É assegurada, em ambos os casos, vista do processo na repartição.

O prazo de defesa poderá ser prorrogado pelo dobro, para diligências reputadas indispensáveis para apresentação da defesa.

Quando o indiciado recusar apor o ciente na cópia da citação, o prazo para defesa contar-se-á da data declarada, em termo próprio, pelo membro da comissão que fez a citação, com a assinatura de duas testemunhas.

O indiciado que mudar de residência fica obrigado a comunicar à comissão o lugar onde poderá ser encontrado, caso contrário, sendo considerado em lugar incerto e não sabido, será citado por edital, publicado no *Diário Oficial da União* e em jornal de grande circulação na localidade do último domicílio conhecido, para apresentar defesa no prazo de 15 (quinze) dias a partir da última publicação do edital.

12.9.2 Defesa

Passado o procedimento instrutório, surge ao indiciado a possibilidade de adimplir de forma ampla a sua defesa dentro dos prazos estabelecidos pela lei.

Não apresentando o indiciado sua defesa, será declarado revel. A revelia no processo administrativo difere da revelia no processo civil ou trabalhista, uma vez que nestes se reputam verdadeiras todas as alegações formuladas pelo autor. Na esfera administrativa, em virtude do princípio da verdade material, será designado pela autoridade competente um defensor dativo para promover a defesa do indiciado.

O defensor dativo deverá ser ocupante de cargo efetivo superior ou de mesmo nível, ou ter nível de escolaridade igual ou superior ao do indiciado.

12.9.3 Relatório

Concluída a fase de defesa, e após sua apreciação, a comissão elaborará relatório minucioso, no qual resumirá as peças principais dos autos e mencionará as provas em que se baseou para formar a sua convicção. Tal relatório será sempre conclusivo quanto à inocência ou à responsabilidade do servidor e, sendo reconhecida sua responsabilidade, a comissão indicará o dispositivo legal ou regulamentar transgredido, bem como as circunstâncias agravantes ou atenuantes.

As circunstâncias agravantes e atenuantes devem estar presentes no relatório para que a autoridade possa **dosimetrar** de melhor forma a sanção a ser aplicada ao indiciado.

O processo disciplinar, com o relatório da comissão, será remetido à autoridade que determinou a sua instauração, para julgamento.

12.9.4 Julgamento

Dentro do prazo de 20 (vinte) dias, contados do recebimento do processo, a autoridade julgadora proferirá a sua decisão, acatando o relatório apresentado, salvo se contrariar as provas dos autos, nesse caso a autoridade julgadora poderá, motivadamente, agravar a penalidade proposta, abrandá-la ou isentar o servidor de responsabilidade.

Havendo aplicação de penalidade, o julgamento do processo deverá ser feito pela autoridade competente, consoante estabelecido no art. 141 da Lei nº 8.112, na seguinte forma:

a) pelo Presidente da República, pelos Presidentes das Casas do Poder Legislativo e dos Tribunais Federais e pelo Procurador-Geral da República, quando se tratar de demissão e cassação de aposentadoria ou disponibilidade de servidor vinculado ao respectivo Poder, órgão ou entidade;

b) pelas autoridades administrativas de hierarquia imediatamente inferior àquelas mencionadas no inciso anterior quando se tratar de suspensão superior a 30 (trinta) dias;

c) pelo chefe da repartição e outras autoridades na forma dos respectivos regimentos ou regulamentos, nos casos de advertência ou de suspensão de até 30 (trinta) dias;

d) pela autoridade que houver feito a nomeação, quando se tratar de destituição de cargo em comissão.

Caso seja verificada a ocorrência de vício insanável, a autoridade que determinou a instauração do processo ou outra de hierarquia superior declarará a sua nulidade, total ou parcial, e ordenará, no mesmo ato, a constituição de outra comissão para instauração de novo processo.

O julgamento fora do prazo legal não implica nulidade do processo. E, em caso de prescrição, a autoridade julgadora que der causa será responsabilizada sem prejuízo do registro do fato nos assentamentos individuais do servidor.

Quando a infração estiver capitulada como crime, o processo disciplinar será remetido ao Ministério Público para instauração da ação penal, ficando trasladado na repartição.

O servidor que responder a processo disciplinar só poderá ser exonerado a pedido, ou aposentado voluntariamente, após a conclusão do processo e o cumprimento da penalidade, caso aplicada.

Serão assegurados transporte e diárias ao servidor convocado para prestar depoimento fora da sede de sua repartição, na condição de testemunha, denunciado ou indiciado, bem como aos membros da comissão e ao secretário, quando obrigados a se deslocarem da sede dos trabalhos para a realização de missão essencial ao esclarecimento dos fatos.

12.9.5 Rito sumário

Para os casos de acumulação ilícita de cargos públicos, abandono de cargo ou inassiduidade habitual, a Lei nº 8.112/1990, alterada pela Lei nº 9.527/1997, estabelece o rito sumário para investigação e julgamento dos fatos.

O rito sumário, mais célere e simples, consiste das seguintes fases:

a) **instauração:** ocorre com a publicação do ato que constituir a comissão, a ser composta por dois servidores estáveis, e simultaneamente indicar a autoria e a materialidade da transgressão objeto da apuração;

b) **instrução sumária:** compreende indiciação, defesa e relatório;

c) **julgamento.**

A comissão lavrará, até três dias após a publicação do ato que a constituiu, termo de indiciação e promoverá a citação pessoal do servidor indiciado, ou por intermédio de sua chefia imediata, para, no prazo de cinco dias, apresentar defesa escrita, assegurando-se-lhe vista do processo na repartição.

O servidor que acumular cargo e fizer opção até o último dia de prazo para defesa configurará sua boa-fé, hipótese em que se converterá automaticamente em pedido de exoneração do outro cargo.

Apresentada a defesa, a comissão elaborará relatório conclusivo quanto à inocência ou à responsabilidade do servidor, em que resumirá as peças principais dos autos, opinará sobre a licitude da acumulação em exame, indicará o respectivo dispositivo legal e remeterá o processo à autoridade instauradora, para julgamento.

No prazo de cinco dias, contados do recebimento do processo, a autoridade julgadora proferirá a sua decisão.

Caracterizada a acumulação ilegal e provada a má-fé, aplicar-se-á a pena de demissão, destituição ou cassação de aposentadoria ou disponibilidade em relação aos cargos, empregos ou funções públicas em regime de acumulação ilegal, hipótese em que os órgãos ou entidades de vinculação serão comunicados.

O prazo para a conclusão do processo administrativo disciplinar submetido ao rito sumário não excederá 30 dias, contados da data de publicação do ato que constituir a comissão, admitida a sua prorrogação por até 15 dias, quando as circunstâncias o exigirem.

O procedimento sumário rege-se pelas disposições próprias deste rito, observando-se, no que lhe for aplicável, subsidiariamente, as disposições do rito ordinário.

12.9.6 Revisão

Existe possibilidade de revisão do PAD, porém, não pode ser verificada como uma segunda instância. Tal possibilidade é conferida apenas quando surgirem fatos novos ou circunstâncias suscetíveis de provar a inocência do punido ou justificar a diminuição da penalidade.

Devem ser observadas as seguintes regras de revisão do PAD:

a) na revisão o ônus da prova é do requerente;
b) não é admitida a *reformatio in pejus*.

12.10 Jurisprudência dos tribunais superiores acerca do tema estudado

Súmula nº 651, STJ: Compete à autoridade administrativa aplicar a servidor público a pena de demissão em razão da prática de improbidade administrativa, independentemente de prévia condenação, por autoridade judiciária, à perda da função pública.

Súmula nº 650, STJ: A autoridade administrativa não dispõe de discricionariedade para aplicar ao servidor pena diversa de demissão quando caraterizadas as hipóteses previstas no art. 132 da Lei nº 8.112/1990.

Súmula nº 641, STJ: A portaria de instauração do processo administrativo disciplinar prescinde da exposição detalhada dos fatos a serem apurados.

Súmula nº 635, STJ: Os prazos prescricionais previstos no artigo 142 da Lei nº 8.112/1990 iniciam-se na data em que a autoridade competente para a abertura do procedimento administrativo toma conhecimento do fato, interrompem-se com o primeiro ato de instauração válido – sindicância de caráter punitivo ou processo disciplinar – e voltam a fluir por inteiro, após decorridos 140 dias desde a interrupção.

Súmula nº 611, STJ: Desde que devidamente motivada e com amparo em investigação ou sindicância, é permitida a instauração de processo administrativo disciplinar com base em denúncia anônima, em face do poder-dever de autotutela imposto à Administração.

Súmula nº 591, STJ: É permitida a "prova emprestada" no processo administrativo disciplinar, desde que devidamente autorizada pelo juízo competente e respeitados o contraditório e a ampla defesa.

Súmula nº 592, STJ: O excesso de prazo para a conclusão do processo administrativo disciplinar só causa nulidade se houver demonstração de prejuízo à defesa.

Súmula Vinculante nº 5, STF: A falta de defesa técnica por advogado no processo administrativo disciplinar não ofende a Constituição.

Súmula nº 18, STF: Pela falta residual, não compreendida na absolvição pelo juízo criminal, é admissível a punição administrativa do servidor público.

Súmula nº 19, STF: É inadmissível segunda punição de servidor público, baseada no mesmo processo em que se fundou a primeira.

13

Licitações

13.1 Introdução ao conhecimento de licitação

A Administração Pública, quando da aquisição de produtos e serviços, deve possibilitar a todos os interessados as mesmas condições de com ela contratar, realizando tudo em atenção aos princípios que norteiam sua atuação, como isonomia, moralidade e publicidade.

Imaginemos a seguinte situação: município que fosse adquirir frota de carros para permitir o transporte de servidores das diversas secretarias; digamos que o prefeito tivesse um irmão sócio majoritário de uma concessionária de automóveis e fizesse a opção de comprar estes veículos justamente desta empresa. Esta situação lhe pareceria correta? Por óbvio que não.

Pois bem, no sentido de submeter aquisições de produtos e serviços a um procedimento hígido, moral e justo é que o legislador implementou o procedimento de licitação, que permite igualdade de condições entre os interessados em contratar com a Administração Pública, ao tempo que garante a esta a possibilidade de celebrar a melhor contratação.

Observe-se que a licitação é procedimento, pois, do seu nascedouro até a sua finalização, o ente público deverá seguir uma sucessão ordenada de atos que culminarão com a final celebração da vantajosa avença para a Administração.

13.2 Ordem constitucional de licitar

Visando a supremacia do interesse público, fazendo com que a Administração Pública celebre o melhor negócio, quis o legislador constituinte impor ao ente estatal a obrigação de submeter-se a licitação,

Vejamos o que impõe o art. 37, da CF/1988,

> Art. 37. A administração pública direta e indireta de qualquer dos Poderes da União, dos Estados, do Distrito Federal e dos Municípios obedecerá aos princípios de legalidade, impessoalidade, moralidade, publicidade e eficiência e, também, ao seguinte: (...)
>
> XXI – ressalvados os casos especificados na legislação, as obras, serviços, compras e alienações serão contratados mediante processo de licitação pública que assegure igualdade de condições a todos os concorrentes, com cláusulas que estabeleçam obrigações de pagamento, mantidas as condições efetivas da proposta, nos termos da lei, o qual somente permitirá as exigências de qualificação técnica e econômica indispensáveis à garantia do cumprimento das obrigações.

Além da Constituição Federal, outros diplomas normativos versam sobre regras de licitação, sendo o mais importante a Lei nº 14.133, de 1º de abril de 2021. Esta novel legislação pretende substituir a Lei nº 8.666/1993, quando houver decorrido dois anos da sua entrada em vigor, excetuando as licitações contratadas sob a égide do antigo regime.

13.3 Dos princípios da licitação

A nova Lei de Licitações, assim conhecida a Lei nº 14.133/2021, regulamenta o art. 37, inciso XXI, da CF/1988, e estabelece normas gerais de licitação e contratação para as Administrações Públicas diretas, autárquicas e fundacionais da União, dos Estados, do Distrito Federal e dos Municípios, e abrange os órgãos dos Poderes Legislativo e Judiciário da União, dos Estados e do Distrito Federal e os órgãos do Poder Legislativo dos Municípios, quando no desempenho de função administrativa e os fundos especiais e as demais entidades controladas direta ou indiretamente pela Administração Pública.

Sua aplicação deve ocorrer quando a Administração Pública pretender realizar: a alienação e a concessão de direito real de uso de bens; compra, inclusive por encomenda; locação, concessão e permissão de uso de bens públicos; prestação de serviços, inclusive os técnico-profissionais especializados; obras e serviços de arquitetura e engenharia; contratações de tecnologia da informação e de comunicação.

Observe-se que, tratando-se de empresas públicas e sociedades de economia mista, especialmente aquelas que explorem a atividade econômica, as regras para contratação podem ser mais flexíveis, uma vez que a licitação não deve ser vista como um fim em si mesmo, razão pela qual algumas empresas públicas e sociedades de economia mista possuem seu regime distinto de contratação e seguem o entabulado na Lei nº 13.303/2016.

Resta claro que o procedimento licitatório empodera a observância do princípio constitucional da isonomia, uma vez que impõe submissão da contratação a processo que selecione a proposta mais vantajosa para a administração. Registre-se que a proposta mais vantajosa nem sempre será a mais barata, poderá ser, por exemplo, a que apresente a melhor técnica.

Observe-se que a Lei nº 14.133/2021, além dos princípios consagrados na Lei nº 8.666/1993, como os princípios da legalidade, da impessoalidade, da moralidade, da igualdade, da publicidade, da probidade administrativa, da vinculação ao instrumento convocatório (agora nominado como vinculação ao edital), do julgamento objetivo e dos que lhes são correlatos, traz ainda os princípios da eficiência, do interesse público, do planejamento, da transparência, da eficácia, da segregação de funções, da motivação, da segurança jurídica, da razoabilidade, da competitividade, da proporcionalidade, da celeridade, da economicidade e do desenvolvimento nacional sustentável.

Como boa parte dos princípios citados já foram debatidos nas linhas introdutórias desta obra, passemos a discorrer de forma sucinta acerca da probidade administrativa, da vinculação ao edital, do julgamento objetivo, do planejamento e do desenvolvimento nacional sustentável.

Por probidade administrativa, entendem-se a boa-fé, a lealdade e a eticidade, que devem reger os atos praticados pela Administração Pública e seus agentes.

Noutro giro, a vinculação ao edital, outrora definido de vinculação ao instrumento convocatório, é a "lei" da licitação, mas não pode servir de meios para que a Administração Pública crie cláusulas ou condições que comprometam, restrinjam ou frustrem o caráter competitivo do procedimento licitatório. Em outras palavras, exigências que podem ensejar direcionamento de contratação devem ser rechaçadas.

No entanto, embora a igualdade de condições seja elemento crucial da licitação, é possível a utilização de critério de desempate para contratação, como considerações acerca de desenvolvimento pelo licitante de ações de equidade entre homens e mulheres no ambiente de trabalho ou desenvolvimento pelo licitante de programa de integridade, conforme orientações dos órgãos de controle. Tais inovações dão outro norte ao regime brasileiro de contratação, uma vez que na Lei nº 8.666/1993 os critérios de desempate estão relacionados à origem brasileira do fornecedor e de seus bens e serviços, o que atualmente é vedado.

A nova Lei de Licitações não reproduziu o critério de desempate da Lei nº 8.666/1993, que promovia a inclusão de pessoa com deficiência ou para reabilitado da Previdência Social, foi além, pois exigiu na fase de habilitação a declaração de que a empresa cumpre as exigências de reserva de cargos para pessoa com deficiência e para reabilitado da Previdência Social.

É de bom alvitre registrar que a Lei de Licitações consagra o direito público subjetivo à fiel observância do pertinente procedimento licitatório, conferindo o exercício da cidadania fiscalizatória por todos os interessados.

Já a Lei Complementar nº 147/2014, ao obedecer à regra de matriz constitucional, implementou no corpo da Lei de Licitações o tratamento privilegiado a microempresas e empresas de pequeno porte, a possibilidade de que normas de licitações e contratos tragam privilégios e tratamento diferenciado a estes agentes econômicos. Tal regra permanece na nova Lei de Licitações.

Resguardando o princípio do planejamento, a novel Lei nº 14.133/2021 busca a profissionalização da atividade administrativa. A exemplo, tem-se a fase preparatória do processo licitatório caracterizada pelo planejamento da contratação, abordando questões orçamentárias, técnicas, mercadológicas e de gestão que podem interferir na contratação. O que antes era definido no projeto básico e no projeto executivo, atualmente tem-se até mesmo no anteprojeto. Tudo isso com o desiderato de uma melhor assertividade e em consonância com a economicidade.

Buscando atender os preceitos de segurança jurídica e economicidade, até mesmo para que não se inicie um procedimento que ao final não possa ser concluído, as obras e os serviços somente poderão ser licitados quando existir projeto básico aprovado pela autoridade competente e com livre acesso a todos os interessados em participar do certame. A questão financeira também não é deixada de lado, uma vez que imperativa a existência de orçamento e previsão de recursos orçamentários que assegurem o pagamento das obrigações decorrentes de obras ou serviços.

Resguardando o critério da impessoalidade, não poderá participar, direta ou indiretamente, da licitação ou da execução de obra ou serviço o autor do projeto, básico ou executivo, pessoa física ou jurídica, empresa que estiver ligada à elaboração do projeto básico ou executivo, bem como servidor ou dirigente de órgão ou entidade contratante ou responsável pela licitação.

No que se refere a esse último ponto específico, em relação à participação de empresa que possuir servidor público em seus quadros, o STJ já enfrentou este tema, consignando que, mesmo se o servidor público estiver afastado ou licenciado do serviço, permanece o óbice impeditivo para participação em licitação. O STJ manifestou-se, em síntese, entendendo que o fato de o servidor estar licenciado não afasta o entendimento segundo o qual não pode participar de procedimento licitatório a empresa que possuir em seu quadro de pessoal servidor ou dirigente do órgão contratante ou responsável pela licitação. No REsp nº 1.607.715/AL, Rel. Min. Herman Benjamin, o STJ consignou que:

> não pode participar de procedimento licitatório a empresa que possuir em seu quadro de pessoal servidor ou dirigente do órgão ou entidade contratante ou responsável pela licitação (...) O fato de estar o servidor licenciado, à época do certame, não ilide a aplicação do referido preceito legal, eis que não deixa de ser funcionário o servidor em gozo de licença.

13.4 Da fase preparatória

Inovação trazida pela Lei nº 14.133/2021 foi o fomento de que a licitação seja conduzida preferencialmente por servidor efetivo ou empregado público dos quadros permanentes da Administração Pública, priorizando a gestão por competências ao determinar que tais agentes públicos tenham atribuições relacionadas a licitações e contratos ou possuam formação compatível ou qualificação atestada.

A fase preparatória do processo licitatório é caracterizada pelo planejamento. Aliás, o planejamento é marca indelével do modelo de gestão desejado pelo legislador no novo sistema brasileiro de contratação pública, que deve compatibilizar-se com o plano de contratações anual. Dentre outros elementos, deverá ocorrer o estudo técnico preliminar que evidenciará a avaliação da viabilidade técnica e econômica da contratação. Tal estudo deve descrever a necessidade do contrato, as estimativas das quantidades e seu valor, bem como se pode ser parcelado. Importante, ainda, a regra estabelecida que determina um posicionamento conclusivo sobre a adequação da contratação para o atendimento da necessidade a que se destina.

Dentro da estratégia de gestão estabelecida na nova Lei de Licitações, os órgãos da Administração específicos para gerir as contratações públicas devem instituir instrumentos que possam centralizar as informações para aquisição de bens, obras e serviços, mantendo procedimento eletrônico padrão para contratação.

Enquanto não estabelecido nos Estados e Municípios o catálogo eletrônico que padroniza aquisição de bens, obras e serviços, poderão tais entes utilizar o modelo adotado pela União.

Outra preocupação do legislador foi aquela que obriga a Administração Pública a se atualizar, a sair da idade da pedra, fazendo uso de recursos de gerenciamento tal qual é feito na iniciativa privada, como por exemplo ao se utilizar do processo perene de medição de obra, com recursos de imagens e vídeos. Há muito tempo, de forma remota, as empresas acompanham o trabalho de seus profissionais com imagens. Afinal, por que uma obra que se realiza no interior do Estado do Ceará não poderia ser acompanhada pelo órgão responsável em Brasília, por transmissão em vídeo? Então, é isso que a lei estimula ao se modernizar.

Noutra senda, no plano da gestão de riscos, resta evidenciado que as políticas de conformidade, ou simplesmente *compliance*, foram contempladas no esquema de gestão pública trazido pela Lei n° 14.133/2021, mas não vão obstacularizar que modelos distintos daqueles tidos como padrões possam ser utilizados, desde que devidamente justificadas as situações. Até para conferir mais segurança aos envolvidos, o edital da licitação poderá contemplar matriz de riscos entre o contratante e o contratado.

Com transparência e com aperfeiçoamento de controle social, a Administração poderá convocar audiência pública, até mesmo de forma remota, para discutir a contratação que se pretende realizar.

13.5 Da contratação de itens de luxo

Em algumas situações a sociedade questionou com perplexidade algumas contratações públicas, para itens pouco usuais, como por exemplo serviços de *buffet* com vinhos e frutos do mar. Pois bem, a nova Lei de Licitações determinou que os artigos de consumo adquiridos para suprir as demandas das estruturas da Administração Pública deverão ser de qualidade comum, não superior à necessária para cumprir as finalidades às quais se destinam, vedada a aquisição de artigos de luxo.

No entanto, é possível que qualquer um dos três poderes, por meio de regulamento, possam estabelecer a definição dos bens de consumo de luxo e comum. Aliás, no âmbito da União, o Decreto nº 10.818, de 27 de setembro de 2021, definiu bem de luxo como aqueles com alta elasticidade-renda da demanda, identificável por meio de características tais como: ostentação, opulência, forte apelo estético ou requinte. Tais bens, se adquiridos em valores proporcionais aos valores de bens considerados comuns, perderão a qualidade de item de luxo, para fins da norma.

13.6 Modalidades de licitação

Para uma perfeita persecução do interesse público, existem diversas modalidades de licitação, cada uma devidamente adequada para determinado objeto. A Lei nº 8.666/1993 prevê como modalidades de licitação a concorrência, a tomada de preços, o convite, o concurso e o leilão. Noutro giro, a Lei n° 14.133/2021 trouxe modificações e fez previsão do pregão, da concorrência, do concurso, do leilão e da inovadora modalidade do diálogo competitivo.

13.6.1 Pregão

O pregão é "modalidade de licitação obrigatória para aquisição de bens e serviços comuns, cujo critério de julgamento poderá ser o de menor preço ou o de maior desconto" (art. 6°, XLI).

13.6.2 Concorrência

Segundo a redação da nova Lei de Licitações (art. 6°, XXXVII), concorrência é a

> modalidade de licitação para contratação de bens e serviços especiais e de obras e serviços comuns e especiais de engenharia, cujo critério de julgamento poderá ser: a) menor preço; b) melhor técnica ou conteúdo artístico; c) técnica e preço; d) maior retorno econômico; e) maior desconto.

13.6.3 Concurso

Não se confundindo com a forma de seleção para contratação de servidores públicos e com redação diversa daquela inserida na lei anterior, o concurso é "modalidade de licitação para escolha de trabalho técnico, científico ou artístico, cujo critério de julgamento será o de melhor técnica ou conteúdo artístico, e para concessão de prêmio ou remuneração ao vencedor" (art. 6°, XXXIX).

13.6.4 Leilão

O leilão é "modalidade de licitação para alienação de bens imóveis ou de bens móveis inservíveis ou legalmente apreendidos a quem oferecer o maior lance" (art. 6º, XL).

13.6.5 Diálogo competitivo

Com inspiração no Direito Europeu o diálogo competitivo é

> modalidade de licitação para contratação de obras, serviços e compras em que a Administração Pública realiza diálogos com licitantes previamente selecionados mediante critérios objetivos, com o intuito de desenvolver uma ou mais alternativas capazes de atender às suas necessidades, devendo os licitantes apresentar proposta final após o encerramento dos diálogos (art. 6º, XLII).

13.6.6 Das demais modalidades de licitação previstas na Lei nº 8.666/1993

É de bom alvitre registrar que a Lei nº 14.133/2021 não revogou imediatamente a Lei nº 8.666/1993, razão pela qual as modalidades existentes nesta lei, como convite e tomada de preços, podem eventualmente ser escolhidas como modalidade de licitação, caso o ente público entenda por escolher para a contratação o antigo regime legal. Esta situação pode perdurar até 31 de março de 2023, ou dois anos da vigência da novel lei, mantendo-se o regramento por quanto tempo perdurar a contratação. Por exemplo, uma licitação realizada em março de 2023, sob a égide da Lei nº 8.666/1993, com o contrato celebrado por um prazo de quatro anos, deverá ter todas as suas regras inseridas neste regime de contratação até março de 2027.

13.7 Publicidade da licitação

A fim de oferecer ampla oportunidade a todos, as licitações deverão ocorrer no local onde se situar a repartição interessada, salvo por motivo de interesse público devidamente justificado. Isso não inviabiliza a participação de interessados residentes ou sediados em outros locais diversos e nem mesmo a realização de atos pela rede mundial de computadores, o que deve ser sempre estimulado.

O ato de abertura da oferta da licitação deverá ser publicado no *Diário Oficial da União*, quando se tratar de licitação feita por órgão ou entidade da Administração Pública Federal e, ainda, quando se tratar de obras financiadas parcial ou totalmente com recursos federais ou garantidas por instituições federais.

Tratando de licitação feita por órgão ou entidade da Administração Pública Estadual ou Municipal, ou do Distrito Federal, há obrigatoriedade de publicação no *Diário Oficial* do Estado, ou do Distrito Federal, ou em consórcio de entes, considerando obrigatória a divulgação no de maior porte. Além disto, a nova Lei de Licitações mantém a regra da divulgação em jornal de grande circulação e traz a faculdade da publicação na rede mundial de computadores.

Assim como a Lei nº 8.666/1993, a nova Lei de Licitações também traz previsão de divulgação da licitação em jornal diário de grande circulação no Estado e no Município. Sobre esse ponto, a jurisprudência dos tribunais superiores já entendeu como viável, para os fins da lei, o jornal que circula em meios de transporte como ônibus e metrôs, e que possuem grande tiragem diária.

É importante ocorrer divulgação do edital de licitação no sítio eletrônico oficial do respectivo ente federativo, quando existir, e que se busquem outras formas de divulgação do certame a fim de conferir a maior publicidade possível, especialmente para licitações de alto vulto.

No passado recente o Executivo ainda editou a MP nº 896/2019, que determinava a utilização de sítio eletrônico oficial da União, conforme regulamento do Poder Executivo Federal, para divulgação de licitações envolvendo a Administração Pública Federal. No entanto, a referida medida provisória perdeu sua vigência sem que fosse convertida em lei. No entanto, a novel Lei de Licitações criou o Portal Nacional de Contratações Públicas (PNCP), sítio eletrônico oficial destinado à divulgação centralizada e obrigatória dos atos exigidos pela lei que rege o Sistema Brasileiro de Contratação Pública. O portal ainda pode divulgar as contratações pelos órgãos e entidades dos Poderes Executivo, Legislativo e Judiciário de todos os entes federativos. É sem dúvida um incremento na publicidade dos atos públicos contratuais que serão divulgados de forma centralizada em um único ambiente virtual.

A promoção da divulgação do inteiro teor do edital e de seus anexos em sítio eletrônico oficial do ente federativo do órgão ou entidade responsável pela licitação ou, no caso de consórcio público, do ente de maior nível entre eles, bem como a possibilidade de divulgação direta a interessados pré-cadastrados é medida que se coaduna com a transparência e a publicidade dos atos administrativos.

13.8 O edital

O edital da licitação é o instrumento que divulgará ao público em geral o chamamento à licitação, ofertando aos interessados a possibilidade de contratar com a Administração Pública. Deverá conter em seu preâmbulo informações que o individualizem, como o número de ordem em série anual, o nome da repartição interessada e de seu setor, a modalidade, o regime de execução e o tipo da licitação, além das informações que confiram ampla publicidade e igualdade de condições aos interessados.

No edital, obrigatoriamente, estará presente a identificação do objeto da licitação, com descrição sucinta, delimitada e clara, as regras relativas à convocação, ao julgamento, à habilitação, aos recursos e às sanções aplicáveis em caso de inadimplemento, à fiscalização e à gestão do contrato, à entrega do objeto e às condições de pagamento, bem como, a depender do que se tem a contratar, a matriz de risco.

Imperioso ressaltar que o edital é a principal regra da licitação e devem ser inseridos em seu corpo todas as condições para participação, os critérios objetivos para julgamento, locais, horários e códigos de acesso dos meios de comunicação a distância, além de outras indicações específicas ou peculiares da licitação, inclusive toda a questão que envolve a parte financeira.

13.9 Impugnação ao edital

Nem mesmo a Administração poderá violar as normas e condições do ato de chamamento ao público, e qualquer cidadão é parte legítima para impugnar edital de licitação por irregularidade na aplicação da Lei nº 14.133/2021 ou do próprio edital, devendo realizar a impugnação no prazo dos três dias úteis que antecedem a abertura do certame. Uma vez ocorrendo impugnação nos termos anteriormente delineados, a

Administração julgará o ato de insurgência processual no mesmo prazo de até três dias úteis.

A impugnação pode ser feita por qualquer interessado, mesmo um cidadão não envolvido na licitação, mas que busca o exercício de cidadania, tão caro à nossa sociedade. Registre-se que o licitante que realizar eventual impugnação não estará impedido de participar do processo licitatório, salvo se inabilitado. Aliás, o licitante inabilitado perde o direito de participar da licitação a partir da decisão que o inabilita.

13.10 Critérios para a forma de licitar

No regime inserido na Lei n° 8.666/1993, o legislador trazia critério objetivo para a escolha da modalidade de licitação, a depender do valor estimado da contratação. Ocorre que, na Lei n° 14.133/2021, se tem uma situação definida a depender da modalidade de licitação a ser escolhida, registrando que a concorrência e o pregão seguem o rito procedimental próximo com o definido anteriormente.

A concorrência é a modalidade de licitação utilizada para contratação de bens e serviços especiais e de obras e serviços comuns e especiais de engenharia, utilizando-se do critério de julgamento menor preço, melhor técnica ou conteúdo artístico, técnica e preço, maior retorno econômico ou desconto. Adotar-se-á o pregão sempre que o objeto possuir padrões de desempenho e qualidade que possam ser objetivamente definidos pelo edital e por meio de especificações usuais de mercado. É de bom alvitre ressaltar que o pregão não se aplica às contratações de serviços técnicos especializados de natureza predominantemente intelectual e de alguns tipos de obras e serviços de engenharia.

Noutra senda, o concurso, que servirá para escolha de trabalho técnico, científico ou artístico, observará as regras e condições previstas em edital, que indicará a qualificação exigida dos participantes, as diretrizes e formas de apresentação do trabalho, as condições de realização e o prêmio ou remuneração a ser concedida ao vencedor.

O leilão é modalidade de licitação de simples visualização, vez que se presta para a alienação de bens a partir de propostas denominadas lance. Tal formato de licitação será precedido da divulgação do edital em sítio eletrônico oficial e na própria sede da Administração, em local de ampla movimentação. O edital do leilão deverá conter a descrição detalhada dos bens a serem leiloados, com valores e documentos de registro, quando necessário, além de indicação do local para visitação prévia.

Por fim, e não menos interessante, temos os casos em que a licitação se dá para contratação de obras, serviços e compras em que a Administração Pública realiza troca de informações com os participantes selecionados de modo prévio e por critérios objetivos, denominado diálogo competitivo. Tal modalidade é restrita a situações em que a Administração busque contratação que tenha como objeto inovação tecnológica ou técnica, ou diante da impossibilidade de ter sua necessidade satisfeita por soluções já prontas no mercado, bem como diante de acontecimentos em que ocorra a impossibilidade de as especificações técnicas serem definidas com precisão suficiente pela Administração.

Na busca de se construir um modelo adequado aos anseios da Administração, o diálogo competitivo levará em consideração a solução técnica mais adequada, os requisitos técnicos convergentes para construir a solução pretendida e a estrutura jurídica ou financeira do contrato.

A grosso modo, e para que se entenda perfeitamente a questão, imaginemos que a Administração Pública pretenda construir um aplicativo totalmente inovador, sem nada semelhante no mercado, para auxiliar no lançamento de tributos. Inicia-se o procedimento de licitação com informação do que se pretende, e em comunicação com os licitantes vai se construindo um modelo para que se tenha o aplicativo pretendido no objeto da licitação.

Registre-se que o Decreto nº 10.922/2021, expedido em 30 de dezembro de 2021, regulamentou a previsão do art. 182 da Lei nº 14.133/2021, que dispõe sobre o dever do Poder Executivo Federal de atualizar, a cada dia 1º de janeiro, pelo Índice Nacional de Preços ao Consumidor Amplo (IPCA), os valores tratados na Nova Lei de Licitações. Assim, considerando o IPCA, os valores nominais informados na Lei nº 14.133/2021 foram atualizados em cerca de 8,4%. Nesse sentido, destacam-se os montantes previstos para contratação direta de obras e serviços de engenharia (de R$ 100.000,00 para R$ 108.040,82) e para compras e demais serviços (de R$ 50.000,00 para R$ 54.020,41) e, ainda, o limite de aceitação excepcional do chamado contrato verbal da Administração (de R$ 10.000,00 para R$ 10.804,08).

13.11 Contratação direta

Tema que sempre intriga os operadores do Direito e deixa os órgãos de controle em situação de alerta é o que envolve a inexigibilidade e a dispensa de licitação, tratadas pela Lei nº 14.133/2021 como espécies da contratação direta.

Inicialmente, é de se considerar inexigível a licitação sempre que inviável a competição. Nesse sentido, o legislador traz diversas hipóteses, como nos casos que envolvem aquisição de materiais, equipamentos ou serviços que possuam apenas um fornecedor. Trata-se da exclusividade. Além disso, tem-se a hipótese de contratação de profissional do setor artístico consagrado pela crítica especializada ou pela opinião pública.

Ainda, por sua singularidade, a contratação de serviços técnicos especializados e de natureza singular com profissionais ou empresas de notória especialização também pode se dar pelo critério da inexigibilidade. A lei traz um grande rol de situações que se enquadram neste critério.

Noutro giro, a licitação pode ser dispensável para contratação que envolva valores inferiores a R$ R$ 108.040,82 (cento e oito mil quarenta reais e oitenta e dois centavos), no caso de obras e serviços de engenharia ou de serviços de manutenção de veículos automotores e para contratação que envolva valores inferiores a R$ R$ 54.020,41 (cinquenta e quatro mil vinte reais e quarenta e um centavos), no caso de outros serviços e compras.

Além dos casos que dispensam licitação com base no critério pecuniário, interessante a disposição legal acerca da contratação dispensável para os casos em que se mantenham todas as condições definidas em edital de licitação realizada há menos de um ano, quando não surgiram licitantes ou propostas válidas, ou ainda quando as propostas apresentadas tragam preços manifestamente superiores aos praticados no mercado ou incompatíveis com os fixados pelos órgãos de referência.

Outras situações objetivas são previstas para que a licitação seja dispensável, a depender do objeto pretendido, como é o caso dos hortifrutigranjeiros, pães e outros gêneros perecíveis, no período necessário para a realização dos processos licitatórios correspondentes, hipótese em que a contratação será realizada diretamente com base no preço do dia. Esta é apenas uma das diversas hipóteses trazidas na lei.

13.12 Fases do processo de licitação

Alterando o regime da Lei nº 8.666/1993, a Nova Lei de Licitações determina inversão nas fases procedimentais. A nova lei define que o processo de licitação observará as seguintes fases, em sequência: preparatória; de divulgação do edital de licitação; de apresentação de propostas e lances, quando for o caso; de julgamento; de habilitação; recursal; de homologação. Observa-se que a fase de habilitação ocorre somente após o julgamento do certame.

A Comissão de Licitação, muito comumente conhecida como CPL (Comissão Permanente de Licitação), é um dos principais atores envolvidos na licitação, e tem como primordial função zelar pela higidez do procedimento licitatório, de modo que está a seu encargo promover diligências destinadas a manter a ordem do procedimento licitatório.

As licitações serão realizadas preferencialmente sob a forma eletrônica, admitida a utilização da forma presencial, desde que motivada, devendo a sessão pública ser registrada em ata e gravada em áudio e vídeo.

Respeitando o princípio da publicidade, tão logo engenhada a licitação pretendida tem-se a divulgação do edital, devendo todas as fases seguir o caminhar ordenado de atos sequenciados que desaguarão na homologação do procedimento licitatório, tudo com o desiderato de que a Administração possa contratar aquele que possuir melhores condições para atender aos interesses públicos. Ressalte-se que os critérios de julgamento devem ser claros e objetivos, sendo vedada a utilização de qualquer fator sigiloso, secreto, subjetivo ou reservado.

13.13 Critérios de julgamento

> Art. 133, Lei nº 14.133/2021: O julgamento das propostas será realizado de acordo com os seguintes critérios:
>
> I – menor preço;
>
> II – maior desconto;
>
> III – melhor técnica ou conteúdo artístico;
>
> IV – técnica e preço;
>
> V – maior lance, no caso de leilão;
>
> VI – maior retorno econômico.

O julgamento por menor preço ou maior desconto e, quando couber, por técnica e preço considerará o menor dispêndio para a Administração, atendidos os parâmetros mínimos de qualidade definidos no edital. Nessa condição, os custos reflexos, ou seja, aqueles indiretamente relacionados, como com as despesas de manutenção, utilização, reposição, depreciação e impacto ambiental do objeto licitado, entre outros fatores vinculados ao seu ciclo de vida, poderão ser considerados para a definição do menor dispêndio. No entanto, é de bom alvitre mencionar que as condições indiretas para apuração do critério menor preço somente poderão ser aquilatados quando objetivamente mensuráveis e devidamente regulamentados.

Noutro giro, o julgamento por maior desconto deve levar em consideração o preço global disposto no edital de licitação.

Outro critério de julgamento, por melhor técnica ou conteúdo artístico, considerará exclusivamente as propostas técnicas ou artísticas apresentadas pelos licitantes, e o edital deverá definir o prêmio ou a remuneração que será atribuída aos vencedores.

Já o julgamento por técnica e preço considerará a maior pontuação obtida das notas atribuídas aos aspectos de técnica e de preço da proposta. Essas notas serão consideradas a partir de média ponderada definida no próprio edital.

O maior lance é critério de julgamento próprio dos leilões, o qual consagra vencedor aquele que der a maior oferta.

Por fim, o julgamento por maior retorno econômico somente pode ser adotado quando da celebração de contrato de eficiência, considerando-se a maior economia para a Administração, oportunidade em que se definirá a remuneração em percentual que incidirá de forma proporcional à economia efetivamente obtida na execução do contrato.

Propostas em desconformidade com o edital deverão ser desclassificadas, assim como propostas com valor global superior ao limite estabelecido ou com preços manifestamente inexequíveis. Nessa situação a proposta é claramente incompatível com o que o mercado oferece, como na conhecida máxima do "negócio da China". A própria Lei de Licitações traz algumas situações que apontam critérios objetivos para apurar tais situações.

Em caso de empate entre duas ou mais propostas, serão utilizados critérios de desempate, como a disputa final, situação em que os licitantes empatados poderão apresentar nova proposta, dentre outros critérios, por exemplo, fomento a igualdade de gênero e *compliance*.

Ainda por razões de segurança jurídica e pelo princípio da confiança, a licitação somente poderá ser revogada por razões de interesse público decorrente de fatos extraordinários e supervenientes, de gravidade tal que possam justificar tal atitude. Um fato superveniente, por exemplo, seria como a pandemia proporcionada pela Covid-19.

Evidente que, mesmo em se tratando de licitação, proeminente o princípio da autotutela, que impõe o dever de a Administração anular seus próprios atos quando eivados de ilegalidade, mesmo de ofício, ou por representação de terceiros. Indubitável que os atos praticados pela autoridade competente com o desiderato de revogar ou anular uma licitação são atos administrativos, portanto, devem ser devidamente motivados e seguir a forma dos atos administrativos.

13.14 Considerações finais

A licitação não pode ser vista como um fim em si mesma, razão pela qual a Administração, por meio de seus diversos órgãos, tem a possibilidade de fixar normas específicas e de natureza operacional para seus procedimentos administrativos, que serão adotados no âmbito do próprio órgão e dentro de sua competência. Vale salientar que tais normas não podem ser de natureza geral e nem criar obstáculos que possam ensejar violação ao livre acesso à licitação. Além disso, a fim de atender o princípio da publicidade, eventuais regras de procedimento administrativo criadas por órgãos administrativos deverão ser amplamente divulgadas e publicadas na imprensa oficial.

As regras impostas pela Lei de Licitação, naquilo que houver compatibilidade, aplicam-se aos convênios, acordos, ajustes e outros instrumentos similares que envolvam a Administração Pública.

Além de plena efetividade em relação aos três Poderes, o Diploma licitatório estatuído pela Lei nº 14.133/2021, assim como pela Lei nº 8.666/1993, é regra para os Estados, o Distrito Federal, os Municípios e as entidades da Administração Indireta, podendo haver adaptações a fim de melhor atenderem ao interesse público.

Impõe esclarecer que, em razão de sua própria vocação, as sociedades de economia mista, empresas e fundações públicas e demais entidades controladas por qualquer dos entes federativos, poderão editar regulamentos a fim de melhor atender os preceitos da Lei de Licitações no âmbito de suas atribuições. Ocorrendo a efetivação dessas hipóteses, os regramentos editados devem ser submetidos à autoridade superior, especialmente aquela à qual a pessoa da Administração Indireta esteja vinculada, uma vez que é necessário o exercício do controle finalístico, em tudo respeitando os preceitos de publicidade.

Malgrado exista regramento próprio para a celebração de contratos de concessão e permissão de serviços públicos, aplicam-se supletivamente, quando viáveis à compatibilização das normas, os ditames da Lei de Licitações.

14

Contratos administrativos

14.1 Introdução ao conhecimento de licitação

Os contratos administrativos previstos na Lei de Licitações são regulados pelo Direito Público, aplicando-se de forma complementar a teoria geral dos contratos. Aliás, a Lei de Liberdade Econômica traz alguns preceitos relacionados ao empreendedorismo e à atividade da Administração Pública.

Observe-se que a teoria geral dos contratos, aplicável aos contratos públicos de forma supletiva, estabelece que as diretrizes contratuais devem ser estabelecidas de forma clara e objetiva, com a definição de prazos, direitos, obrigações, objeto, meio de execução e responsabilidade dos contratantes. Tal regra deve ocorrer mesmo na contratação direta, nos casos de inexigibilidade e dispensa de licitação.

A Lei de Licitações estabelece a obrigatoriedade de que todo contrato deverá mencionar os nomes das partes e os de seus representantes, a finalidade, o ato que autorizou sua lavratura, o número do processo da licitação ou da contratação direta e a sujeição dos contratantes às normas da Lei de Licitações e às cláusulas contratuais.

Além disso, os contratos deverão estabelecer com clareza e precisão as condições para sua execução, expressas em cláusulas que definam os direitos, as obrigações e as responsabilidades das partes, em conformidade com os termos do edital de licitação e os da proposta vencedora ou com os termos do ato que autorizou a contratação direta e os da respectiva proposta.

A lei determina a imprescindibilidade de que em todo contrato sejam estabelecidas cláusulas que definam (art. 92 da Lei nº 14.133/2021):

a) o objeto e seus elementos característicos;

b) a vinculação ao edital de licitação e à proposta do licitante vencedor ou ao ato que tiver autorizado a contratação direta e à respectiva proposta;

c) a legislação aplicável à execução do contrato, inclusive quanto aos casos omissos;

d) o regime de execução ou a forma de fornecimento;

e) o preço e as condições de pagamento, os critérios, a data-base e a periodicidade do reajustamento de preços e os critérios de atualização monetária entre a data do adimplemento das obrigações e a do efetivo pagamento;

f) os critérios e a periodicidade da medição, quando for o caso, e o prazo para liquidação e para pagamento;

g) os prazos de início das etapas de execução, conclusão, entrega, observação e recebimento definitivo, quando for o caso;

h) o crédito pelo qual correrá a despesa, com a indicação da classificação funcional programática e da categoria econômica;

i) a matriz de risco, quando for o caso;

j) o prazo para resposta ao pedido de repactuação de preços, quando for o caso;

k) o prazo para resposta ao pedido de restabelecimento do equilíbrio econômico-financeiro, quando for o caso;

l) as garantias oferecidas para assegurar sua plena execução, quando exigidas, inclusive as que forem oferecidas pelo contratado no caso de antecipação de valores a título de pagamento;

m) o prazo de garantia mínima do objeto, observados os prazos mínimos estabelecidos nesta lei e nas normas técnicas aplicáveis, e as condições de manutenção e assistência técnica, quando for o caso;

n) os direitos e as responsabilidades das partes, as penalidades cabíveis e os valores das multas e suas bases de cálculo;

o) as condições de importação e a data e a taxa de câmbio para conversão, quando for o caso;

p) a obrigação do contratado de manter, durante toda a execução do contrato, em compatibilidade com as obrigações por ele assumidas, todas as condições exigidas para a habilitação na licitação, ou para a qualificação, na contratação direta;

q) a obrigação de o contratado cumprir as exigências de reserva de cargos prevista em lei, bem como em outras normas específicas, para pessoa com deficiência, para reabilitado da Previdência Social e para aprendiz;

r) o modelo de gestão do contrato, observados os requisitos definidos em regulamento;

s) os casos de extinção.

Além das cláusulas *retro*, no contrato celebrado com a Administração estará presente a obrigação do contratado de manter, durante toda a execução do contrato, todas as condições de habilitação e qualificação exigidas na licitação. Inclusive, para essa situação, importante tal premissa para fins de evitar a responsabilização subsidiária da Administração, especialmente no âmbito trabalhista, consoante a Súmula n° 331 do Tribunal Superior do Trabalho (TST).

Ademais, tratando-se de contrato em que envolva negócios internacionais, faz-se necessário o registro das condições de importação, da data e da taxa de câmbio para conversão, quando for o caso. Sendo pessoa natural ou jurídica estrangeira, para dirimir conflitos, é obrigatória a definição de cláusula de foro competente como o da sede da Administração, salvo em caso de licitações internacionais para a aquisição de bens e serviços cujo pagamento seja feito com o produto de financiamento concedido por organismo financeiro internacional ou nos casos de contratação com empresa estrangeira para a compra de equipamentos fabricados e entregues no exterior. Também excepciona a regra do foro competente como o da sede da Administração, os casos de aquisição de bens e serviços realizada por unidades administrativas com sede no exterior.

14.2 Das garantias

Como previsto no regime anterior, a Lei n° 14.133/2021 admitiu a possibilidade de incidência de cláusula que imponha garantia nos contratos envolvendo a Administração, sendo possível: caução em dinheiro ou em títulos da dívida pública, seguro-garantia e fiança bancária.

As garantias estipuladas contratualmente, em regra, não excederão 5% (cinco por cento) do valor do contrato, devendo seu valor sofrer atualização na forma da lei. Tratando-se de obras, serviços e fornecimentos de expressiva complexidade técnica e riscos financeiros, a garantia ofertada poderá ser elevada para até 10% (dez por cento) do valor do contrato e nas contratações de obras e serviços de engenharia de grande vulto, poderá ser exigida a prestação de garantia, na modalidade seguro-garantia, com cláusula de retomada, em percentual equivalente a até 30% (trinta por cento) do valor inicial do contrato.

Após a efetiva execução do contrato a Administração deverá liberar a garantia prestada e, quando em dinheiro, a restituição deve ser corrigida monetariamente. Em situações em que ocorra entrega de bens pela Administração, ao valor da garantia será agregado o valor de avaliação do bem, que terá o contratado na condição de fiel depositário.

14.3 Do poder de império da Administração

Muito embora se possa imaginar que a celebração do contrato enseje o sinalagma, como de fato ocorre, nos contratos administrativos o seu regime jurídico confere à Administração uma série de prerrogativas que a colocam em posição de superioridade frente às demais partes do contrato. Ora, não há que se ponderar críticas a esse fato, muito pelo contrário, uma vez que a regência administrativa é vetorizada pela supremacia do interesse público.

Dessa forma, nos contratos administrativos, dentre outras situações de superioridade contratual, a Lei de Licitações confere à Administração a prerrogativa de:

a) modificação unilateral do contrato;
b) rescisão unilateral;
c) fiscalização da execução;
d) aplicação de sanções em razão de inadimplemento;
e) ocupação provisória de bens móveis, imóveis, pessoal e serviços vinculados ao objeto do contrato.

Outrossim, o que se tem por nulo não poderá produzir efeitos, vez que a nulidade deve retroagir para alcançar o ato maculado desde seu nascedouro. Não é diferente a aplicação dessa regra de ouro quando se está tratando do contrato administrativo, pois sua nulidade atinge retroativamente os efeitos jurídicos que ele deveria produzir, além de expurgar do ordenamento os efeitos já produzidos.

É de bom alvitre registrar que a vedação ao locupletamento sem causa permanece existindo, mesmo no âmbito dos contratos administrativos, já que eventual nulidade não retira da Administração o dever de indenizar o contratado pelo que este houver executado, dentre outros prejuízos.

Por fim, interessante inovação é aquela que permite a utilização de meios alternativos de prevenção e resolução de controvérsias, notadamente a conciliação, a mediação, o comitê de resolução de disputas e a arbitragem, nas controvérsias surgidas em contratações celebradas sob a égide da Lei nº 14.133/2021.

14.4 Das formalidades contratuais

Os contratos deverão ser assinados e mantidos nos órgãos públicos que promoverem a licitação, devidamente tombados, respeitando ordem cronológica, identificados com partes, e o número do processo de licitação devendo ser disponibilizado por meio eletrônico oficial, salvo contratos com informações imprescindíveis à segurança da sociedade e do Estado.

É nulo contrato verbal com a Administração, salvo pequenas compras e prestação de serviços de pronto pagamento e com valor não superior a R$ 10.804,08 (dez mil oitocentos e quatro reais e oito centavos).

Com a criação do PNCP pela Lei nº 14.133/2021, fica mitigada a necessidade de publicação na imprensa oficial do extrato contratual, que no regime anterior é tida como condição indispensável para sua eficácia. O PNCP, conforme dispõe o art. 174 da Lei nº 14.133/2021, é o sítio eletrônico oficial destinado à divulgação centralizada e obrigatória dos atos exigidos pela Nova Lei de Licitações, e é gerido pelo Comitê Gestor da Rede Nacional de Contratações Públicas (CGRNCP), um colegiado deliberativo de cunho nacional, cujo funcionamento e atuação são regulamentados pelo Decreto Federal nº 10.764/2021. No entanto, os Municípios deverão realizar divulgação complementar de suas contratações mediante publicação de extrato de edital de licitação em jornal diário de grande circulação local até 31 de dezembro de 2023.

A celebração contratual é obrigatória, mas admitem-se exceções quando houver dispensa de licitação em razão de valor e nos casos envolvendo compras com entrega imediata e integral dos bens adquiridos e dos quais não resultem obrigações futuras, inclusive quanto a assistência técnica, neste caso independentemente de seu valor. Nas hipóteses de não formalização da avença, a Administração poderá substituir o contrato por outro instrumento hábil, como carta-contrato, nota de empenho de despesa, autorização de compra ou ordem de execução de serviço.

Bom rememorar que o contrato celebrado com a Administração já estará previamente disponível para conhecimento de todos os interessados, muito antes de sua celebração propriamente dita, uma vez que a minuta contratual já terá sido devidamente publicizada, pois integrara o edital ou ato convocatório da licitação.

É possível à Administração realizar "segunda chamada" para a celebração do contrato, sempre que o convocado não assinar o respectivo instrumento, de modo que convocará os licitantes remanescentes, obedecendo a ordem classificatória e desde que cumpra as mesmas condições do vencedor do certame.

Os contratos administrativos podem sofrer alteração, até mesmo de forma unilateral pela Administração, desde que motivada, como, por exemplo, quando for alterado o projeto para melhor adequação técnica ou para adequar os valores estabelecidos em contrato em razão de acréscimo ou diminuição quantitativa de seu objeto. Por mútuo acordo também é possível mudança na avença em casos específicos, como, por exemplo, para substituição da garantia de execução, modificação no regime de execução da obra ou serviço, bem como do modo de fornecimento, em face de verificação técnica da inaplicabilidade dos termos contratuais originários, dentre outras situações especificadas na lei.

Tais modificações possuem limitações específicas para cada caso e não podem servir para burlar a forma de licitação inicialmente utilizada na contratação. Ademais, eventual modificação deverá ser realizada em termos que assegurem o equilíbrio contratual.

14.5 Da execução dos contratos

A máxima usual de que o contrato faz lei entre as partes também é válida no âmbito dos contratos públicos, ressalvadas as prerrogativas da Administração, de modo que o instrumento contratual deve ser executado tal qual fora celebrado, em consonância com as cláusulas pactuadas.

Uma novidade foi inserida recentemente a partir da Lei nº 13.146/2015, Lei Brasileira de Inclusão, determinando que empresas enquadradas na lei promoverão reserva de cargos para pessoas com deficiência ou em reabilitação pela Previdência Social. Além disso, promovendo a inclusão nos ambientes diversos, compete à Administração fiscalizar o cumprimento dos requisitos de acessibilidade nos serviços e nos ambientes de trabalho. *Mister* repetir que a obediência fiel à Lei Brasileira de Inclusão é condição necessária para habilitação dos participantes no procedimento licitatório.

14.6 Fiscal do contrato

O arcabouço normativo da Lei de Licitações traz a figura do fiscal do contrato, pessoa ou grupo designado pela Administração para acompanhar e fiscalizar a execução do contrato, podendo esta contratar terceiros para prestar-lhe assessoria em razão deste encargo, sendo que tal contratação não eximirá de responsabilidade o fiscal do contrato. É papel do fiscal do contrato realizar o registro de todas as intercorrências relacionadas à execução do contrato e velar por sua efetivação.

Na hipótese da contratação de terceiros, a empresa ou o profissional contratado assumirá responsabilidade civil objetiva pela veracidade e pela precisão das informações prestadas, firmará termo de compromisso de confidencialidade e não poderá exercer atribuição própria e exclusiva de fiscal de contrato.

Muito embora o fiscal do contrato tenha importante função, seu poder é adstrito à fiscalização da execução contratual. Portanto, atos que extrapolem sua competência devem ser tomados pela autoridade competente da pessoa da Administração.

Havendo imperfeições nos materiais empregados ou mesmo na forma de execução do contrato, o contratado tem a responsabilidade de reparar, corrigir, remover, reconstruir ou substituir, às suas expensas, no total ou em parte, o objeto do contrato em que se verificarem vícios, defeitos ou incorreções resultantes da execução ou de materiais empregados. Além disto, o contratado é responsável pelos encargos trabalhistas, previdenciários, fiscais e comerciais resultantes da execução do contrato.

O STF já entendeu como constitucional a regra da responsabilidade do contratado, na ADC nº 16/DF, em que resguardou a constitucionalidade do art. 71 da Lei nº 8.666/1993, razão pela qual a inadimplência do contratado não transfere à Administração Pública a responsabilidade por seu pagamento, nem poderá onerar o objeto do contrato ou restringir a regularização e o uso das obras e edificações, inclusive perante o Registro de Imóveis, salvo a situação de solidariedade previdenciária imposta pelo art. 31 da Lei nº 8.212/1991.

Uma vez não havendo efetiva entrega da obra ou serviço no formato contratado, deve a Administração proceder sua rejeição, cabendo inclusive a responsabilidade do fornecedor por não ter adimplido adequadamente o contrato na forma licitada.

14.7 Inadimplemento contratual

Em linhas anteriores consignou-se a possibilidade de a Administração rescindir o contrato. Pois bem, a inexecução contratual, ainda que parcial, pode ensejar a rescisão do instrumento contratual.

A Lei de Licitações enumera diversos motivos para rescisão do contrato, vejamos: o não cumprimento de cláusulas contratuais, especificações, projetos ou prazos; o cumprimento irregular de cláusulas contratuais, especificações, projetos e prazos; o descumprimento dos prazos estipulados; o atraso injustificado no início da obra, serviço ou fornecimento; a paralisação da obra, do serviço ou do fornecimento, sem justa causa e prévia comunicação à Administração; a subcontratação total ou parcial do seu objeto, a associação do contratado com outrem, a cessão ou transferência, total ou parcial, bem como a fusão, a cisão ou a incorporação, não admitidas no edital e no contrato; o desatendimento das determinações regulares da autoridade designada para acompanhar e fiscalizar a sua execução, assim como as de seus superiores.

O legislador ainda aponta, dentre outros motivos, para rescisão: a decretação de falência ou a instauração de insolvência civil; a dissolução da sociedade ou o falecimento do contratado; a alteração social ou a modificação da finalidade ou da estrutura da empresa, que prejudique a execução do contrato; razões de interesse público, de alta relevância e amplo conhecimento, justificadas e determinadas pela máxima autoridade da esfera administrativa a que está subordinado o contratante e exaradas no processo administrativo a que se refere o contrato.

De comum acordo, unilateralmente e por força de convenção arbitral ou decisão judicial, pode-se operar a rescisão do contrato. Ocorrendo de forma amigável, a rescisão deve ser precedida de autorização emanada do agente público com competência para tal, por meio de ato devidamente motivado.

O contratado pode responder civilmente pelos prejuízos decorrentes do inadimplemento contratual em razão de sua mora. Noutro giro, há situações em que a rescisão pode ocorrer sem que haja culpa do contratado, devendo este ser ressarcido de eventuais prejuízos sofridos, desde que comprovados, cabendo ainda direito a: devolução de garantia, pagamento dos valores proporcionais até a data da rescisão e pagamento do custo da desmobilização.

14.8 Das sanções administrativas e da tutela judicial

Perceba que o vencedor da licitação apresentou proposta mais vantajosa para a Administração e fez com que esta preterisse todos os demais interessados a com ela contratar. Assim, ocorrendo injustificada recusa do adjudicatário em formalizar o instrumento contratual no prazo estabelecido, caracterizará o integral inadimplemento obrigacional, impondo-o às penas estabelecidas na norma. Tal imposição sancionatória não se aplica aos chamados de forma remanescente, uma vez que tal chamamento se opera nos termos da proposta vencedora.

Além das sanções administrativas empregáveis quando do inadimplemento na execução do contrato, como multa, advertência, suspensão temporária de participação em licitação e impedimento de contratar com a Administração, declaração de inidoneidade para licitar ou contratar com a Administração Pública, a Lei de Licitações traz em seu corpo alguns tipos penais.

14.9 Dos recursos administrativos

A Nova Lei de Licitações traz capítulo próprio que trata de recursos, impugnações, esclarecimentos e reconsiderações, cada um com prazo específico. Neste caso, qualquer pessoa tem legitimidade para impugnar edital de licitação por irregularidade ou para solicitar esclarecimentos, no prazo de até três dias úteis antes da data de abertura do certame, cabendo à

Administração promover a resposta no mesmo prazo, resguardado o prazo limite da abertura. A resposta às impugnações e recursos deverá ser publicizada em sítio eletrônico.

No procedimento licitatório é cabível recurso, que terá efeito suspensivo, no prazo de três dias úteis, nos casos de: ato que defira ou indefira pedido de pré-qualificação de interessado ou de inscrição em registro cadastral, sua alteração ou cancelamento; julgamento das propostas; ato de habilitação ou inabilitação de licitante; anulação ou revogação da licitação; e extinção do contrato por ato unilateral e escrito da Administração.

O pedido de reconsideração, que possui previsão legal e efeito suspensivo, deve ser manejado no prazo de três dias úteis, contado da data de intimação, relativamente a ato do qual não caiba recurso hierárquico (art. 165, II, Lei nº 14.133/2021).

Caso que muito se assemelha a situações do processo judicial, em que a autoridade que proferiu a decisão combatida tem a possibilidade de realizar o juízo de retratação é aquele que se dá na interposição de recurso para combater ato que defira ou indefira pedido de pré-qualificação de interessado ou de inscrição em registro cadastral, sua alteração ou cancelamento. Nesse caso, a autoridade que tiver editado o ato ou proferido a decisão recorrida receberá o recurso para juízo de retratação em até de três dias úteis, e, não havendo retratação, encaminhará o recurso com a sua motivação à autoridade superior, a qual deverá proferir sua decisão no prazo máximo de 10 (dez) dias úteis, contado do recebimento dos autos.

Atenção deve-se dar para a diferenciação nos prazos quando envolver aplicação das sanções de advertência, multa, impedimento de licitar e contratar, pois o recurso deve ser interposto no prazo de 15 (quinze) dias úteis, contado da data da intimação. Noutro giro, se a sanção for a de declaração de inidoneidade para licitar ou contratar, caberá apenas pedido de reconsideração, que deverá ser apresentado no prazo de 15 (quinze) dias úteis, contado da data da intimação, e decidido no prazo máximo de 20 (vinte) dias úteis, contado do seu recebimento.

15

Bens públicos

15.1 Introdução conceitual

Inicialmente, *mister* trazer a ideia de domínio público, bem mais amplo que a ideia isolada da propriedade observada a partir de sua abrangência econômica e patrimonial. Ao relevarmos a condição de domínio público para alcançar o conceito doutrinário de bem público, utilizamos uma posição mais abrangente e que não se restringe ao domínio patrimonial, vez que também alberga o domínio eminente, advindo do poder político estatal, que impõe a possibilidade de o Estado intervir no domínio público.

É bem verdade que o conceito de bem público pode ser retirado da própria legislação que indica: são públicos os bens do domínio nacional pertencentes às pessoas jurídicas de direito público interno; todos os outros são particulares, seja qual for a pessoa a que pertencerem. Observe-se o caráter subjetivo que é utilizado pelo legislador do diploma civil pátrio para conceituar bens públicos.

No entanto, é de bom alvitre rememorar o conceito ampliado pela doutrina, que inclui na modalidade de bens públicos todos os bens que integram o patrimônio de pessoa jurídica de direito privado e que estão voltados para a prestação de serviço público. Aliás, esse conceito também foi respaldado pelo Conselho de Justiça Federal (CJF) no Enunciado n° 287, que consignou: "O critério da classificação de bens indicado no art. 98 do Código Civil não exaure a enumeração dos bens públicos, podendo ainda ser classificado como tal o bem pertencente à pessoa jurídica de direito privado que esteja afetado à prestação de serviços públicos".

Dessa forma, crucial dividir o conceito de bens públicos da seguinte forma:

a) **Domínio público:** refere-se aos bens afetados à Administração Pública, para uso próprio ou da coletividade, como imóveis públicos e praças.

b) **Domínio eminente:** advindo da soberania estatal por força da própria Constituição Federal, tem-se o poder que o Estado exerce sobre bens públicos e particulares quando em território nacional. O domínio eminente em nada se aproxima do conceito patrimonial de propriedade.

15.2 Classificação dos bens públicos

Para uma melhor análise didática, passemos a expor a classificação adotada pela melhor doutrina acerca dos bens públicos. É essencial a leitura dos dispositivos da CF/1988 para aqueles que se preparam para provas de concursos públicos, vez que comumente são objeto de indagação em provas.

a) Quanto à titularidade:

- bens públicos federais, consoante o art. 20 da CF/1988;
- bens públicos estaduais, na forma do art. 26 da CF/1988;

- bens públicos distritais, aqueles que são considerados do Distrito Federal, com cumulação de bens estaduais e bens municipais;
- bens públicos municipais, aqueles que integram o patrimônio dos Municípios;
- bens interfederativos, quando integrantes de associações públicas.

b) Quanto à afetação do bem:

- bens públicos de uso comum do povo: destinam-se ao uso da coletividade em geral de forma gratuita ou onerosa. Exemplo: rios, mares, ruas e praças;
- bens públicos de uso especial: são bens especialmente afetados aos serviços administrativos. Exemplo: imóvel em que funciona uma escola pública;
- bens públicos dominicais: pertencem a uma pessoa jurídica de direito público, mas não possuem específica afetação. Exemplo: um imóvel pertencente ao ente público, mas que está desativado e sem nenhuma finalidade específica.

O eminente professor Celso Antônio Bandeira de Mello (2009, p. 907) aponta ainda a seguinte classificação, relacionada à natureza física dos bens públicos:

- bens de domínio hídrico: águas correntes (mar, rios, riachos etc.); águas dormentes (lagos, lagoas, açudes etc.); e potenciais de energia hidráulica;
- bens do domínio terrestre: do solo e do subsolo.

15.3 Regime jurídico dos bens públicos

Importa destacar que os bens públicos possuem regime jurídico próprio, a fim de atender às prerrogativas que orbitam a coisa pública. Dentre estas, destacam-se a inalienabilidade, a impenhorabilidade, a imprescritibilidade, e a não onerabilidade.

15.3.1 Inalienabilidade

Por inalienabilidade, tem-se que os bens públicos, em regra, não podem ser objeto de negócio jurídico que permita a transmissibilidade do título de proprietário.

É verdade que esta regra não é absoluta, por isso alguns autores preferem denominá-la alienação condicionada ou inalienabilidade relativa. A ressalva à regra da inalienabilidade encontra amparo no Código Civil (CC), nos arts. 100 e 101, bem como no art. 17 da Lei nº 8.666/1993. No mesmo sentido, o art. 76 da Lei nº 14.133/2021 traz a possibilidade de alienação de bens públicos, desde que subordinada ao interesse público devidamente justificado.

Assim, a flexibilização da regra da inalienabilidade dependerá do atendimento de requisitos, dentre os quais podemos destacar: desafetação; justificativa ou motivação; avaliação prévia; licitação e autorização legislativa para alienação dos bens imóveis. Uma vez cumpridas as formalidades indicadas na lei, poderá ocorrer a alienação do bem público por meio, dentre outros, dos seguintes instrumentos: contrato de compra e venda, dação em pagamento, doação, incorporação, investidura, permuta e retrocessão, venda de títulos e de ações etc.

15.3.2 Impenhorabilidade

Outra característica imputada aos bens públicos é a impossibilidade de que sofram constrição patrimonial por meio de medida judicial. Imperioso destacar que tal prerrogativa tem amparo principiológico na supremacia do interesse público sobre o privado e da continuidade do serviço público. Deve-se destacar, ainda, que o ente público possui regime próprio para o cumprimento de suas obrigações, precatórios e requisição de pequeno valor, consoante fundamentado no art. 100 da CF/1988.

15.3.3 Imprescritibilidade

Pela regra da imprescritibilidade, os bens públicos não podem ser objetos de usucapião, consoante preceituam os arts. 183, § 3º, e 191, parágrafo único, ambos da CF/1988. Além da Lei Constitucional, os arts. 102 do CC, e 200 do Decreto-lei nº 9.760/1946 também protegem os bens públicos da forma de aquisição originária da propriedade por terceiro.

Embora a Súmula nº 340 do STF indique que, desde a vigência do CC, os bens dominicais, como os demais bens públicos, não podem ser adquiridos por usucapião, alguns posicionamentos surgem pontualmente na jurisprudência, de forma bem minoritária, possibilitando a usucapião sobre bens públicos dominicais.

15.3.4 Não onerabilidade

Bastante próxima das demais regras do regime jurídico, a regra da não onerabilidade retrata que bens públicos não podem ser envolvidos em negócios jurídicos que lhe recaiam ônus com garantia real. Ora, esse regramento é corolário da característica da inalienabilidade.

15.4 Formas de uso do bem público

A pessoa jurídica de direito público titular do bem detém o direito de uso do bem público, seja ele qual for, de uso especial, de uso comum ou mesmo dominicais. No entanto, o fato de a propriedade do bem ser da pessoa jurídica de direito público não retira a possibilidade de serem utilizados por particulares, que deverão atender aos preceitos legais.

Observemos as três mais conhecidas regras de uso de bens públicos:

- Uso comum de bens públicos: sem que ocorra maiores distinções, é possível que todos os indivíduos possam utilizar o bem público. O uso comum pode ocorrer de forma ordinária, como, por exemplo, o tráfego em via pública, ou de forma extraordinária, que se dará a depender de certas condicionantes, como, por exemplo, o uso da via pública por automóveis mediante pagamento de pedágio.
- Uso especial de bens públicos: é o uso instituído à Administração Pública ou particulares que atendam ao determinado pela legislação, como, por exemplo: uso de repartições públicas.
- Uso privativo de bens públicos: ocorre quando a Administração Pública possibilita ao particular, com exclusividade, o uso do bem público. Nesse caso, o consentimento estatal pode ser discricionário ou vinculado, oneroso ou gratuito, precário ou estável, dependendo da respectiva previsão legal, devendo preencher as seguintes características: compatibilidade com o interesse público; consentimento da Administração; cumprimento das condições fixadas; remuneração, ressalvados os casos de uso gratuito e precariedade.

15.4.1 Instrumentos de permissibilidade do uso privativo de bem público

Como fixado anteriormente, ao possibilitar o uso privativo do bem público, a Administração Pública deverá atender ao meio estabelecido em lei. Os principais instrumentos para viabilizar o uso exclusivo de bem público por particular são: autorização, permissão de uso, concessão, cessão de uso, locação, comodato e enfiteuse ou aforamento.

   a) **Autorização:** caraterizada pela discricionariedade e precariedade, a autorização é ato editado pelo Poder Público para permitir o uso privativo de bem público por particular. Muito embora não exija procedimento licitatório para fins de autorização, esta deve ocorrer por meio de procedimento que assegure aos interessados igualdade de oportunidades, mantendo a regra matriz de viés constitucional da impessoalidade.

   b) **Permissão de uso:** discricionária e precária, a permissão é ato pelo qual a Administração Pública concede a utilização privativa bem público a particular para que o bem satisfaça o interesse da coletividade. Exemplo: permissão para instalar banca de jornal em praça pública.

   c) **Concessão de uso:** é contrato administrativo precedido de licitação, portanto, bilateral, estável e não precário, cujo desiderato é consentir o uso privativo de bem público por particular. A preclara Maria Sylvia Zanella di Pietro (2013, p. 759) aduz que o concessionário "assume obrigações perante terceiros e encargos financeiros elevados, que somente se justificam se ele for beneficiado com a fixação de prazos mais prolongados, que assegurem um mínimo de estabilidade no exercício de suas atividades".

   d) **Concessão do direito real de uso:** é a concessão de terrenos públicos ou particulares, remunerada ou gratuita, por tempo certo ou indeterminado, como direito real resolúvel, para fins específicos de regularização fundiária de interesse social, urbanização, industrialização, edificação, cultivo da terra, aproveitamento sustentável das várzeas, preservação das comunidades tradicionais e seus meios de subsistência, ou outras modalidades de interesse social de áreas urbanas, conforme Decreto-lei nº 271/1967.

e) **Cessão de uso:** por meio da cessão de uso de bem público, tem-se a transferência não onerosa de uso dos bens, ou em especiais condições, sempre envolvendo a Administração Pública Direta e a Administração Pública Indireta ou entre a Administração e as pessoas de direito privado que não tenham finalidade lucrativa.

f) **Uso privativo de bem público por instrumentos de direito privado:** embora a Administração Pública deva nortear sua atuação pautada no regime público e no arcabouço jurídico posto a este fim, é possível o uso de instrumentos normalmente utilizados no direito privado para o uso de bem público, como locação, comodato e enfiteuse ou aforamento.

15.5 Espécies de bens públicos

Dentre as espécies de bens públicos, podemos destacar:

a) **Terras devolutas:** embora pertencente a algum dos entes federativos as terras devolutas são bens públicos que não possuem nenhuma destinação. A CF/1988, em seu art. 26, IV, estabelece que as terras devolutas pertencem ao patrimônio dos Estados, ressalvadas as terras aquelas indispensáveis à defesa das fronteiras, das fortificações e construções militares, das vias federais de comunicação e à preservação ambiental, que pertencem à União, na forma do art. 20, II, do Texto Constitucional. Adverte-se que, em virtude da transferência de terras devolutas pelos

Estados e pela União ao patrimônio dos Municípios, estes também as possuem.

b) **Terrenos da Marinha e seus acrescidos:** são as áreas que, banhadas pelas águas do mar ou dos rios navegáveis, em sua foz, se estendem à distância de 33 metros para a área terrestre, contados da linha do preamar médio de 1831.226. Estes terrenos pertencem à União por força do art. 20, VII, da CF/1988. Seu uso privativo pode ser transferido ao particular por meio de enfiteuse, consoante os arts. 49, § 3°, do Ato das Disposições Constitucionais Transitórias (ADCT), 2.038, § 2°, do CC/2002, e 99 a 124 do Decreto-lei n° 9.760/1946.

c) **Terrenos marginais ou reservados:** banhados pelas áreas navegáveis e fora do alcance das marés, são aqueles que se estendem até a distância de 15 metros para a parte da terra, contados desde a linha média das enchentes ordinárias, conforme o art. 14 do Decreto-lei n° 24.643/1934. No entanto, registre-se a posição de alguns autores que entendem que o art. 20, III, da CF/1988 promoveu o confisco de tais bens, de modo que os terrenos marginais ou reservados são integrantes do patrimônio da União.

d) **Terras indígenas:** pertencem à União, tratadas como bens públicos de uso especial, são consideradas áreas habitadas pela população indígena. Além disso, são utilizadas para suas atividades produtivas, sendo de extrema importância e imprescindíveis à preservação dos recursos ambientais necessários ao seu bem-estar e à sua reprodução física e cultural, segundo seus usos, costumes e tradições, conforme orientam os arts. 20, XI, e 231, § 1°, da CF/1988.

e) **Outros bens públicos:** cemitérios públicos, domínio hídrico, espaço aéreo, faixas e fronteiras, ilhas, jazidas, mar territorial, minas, plataforma continental, zona contígua, zona econômica exclusiva.

15.6 Jurisprudência dos tribunais superiores acerca do tema estudado

Súmula nº 650, STF: Os incisos I e XI do art. 20 da Constituição Federal não alcançam terras de aldeamentos extintos, ainda que ocupadas por indígenas em passado remoto.

Súmula nº 479, STF: As margens dos rios navegáveis são de domínio público, insuscetíveis de expropriação e, por isso mesmo, excluídas de indenização.

Súmula nº 477, STF: As concessões de terras devolutas situadas na faixa de fronteira, feitas pelos estados, autorizam, apenas, o uso, permanecendo o domínio com a União, ainda que se mantenha inerte ou tolerante, em relação aos possuidores.

Súmula nº 340, STF: Desde a vigência do Código Civil, os bens dominicais, como os demais bens públicos, não podem ser adquiridos por usucapião.

Súmula nº 496, STJ: Os registros de propriedade particular de imóveis situados em terrenos de marinha não são oponíveis à União.

Súmula nº 103, STJ: Incluem-se entre os imóveis funcionais que podem ser vendidos os administrados pelas forças armadas e ocupados pelos servidores civis.

16

Intervenção do Estado na economia

16.1 Introdução conceitual

No estudo da intervenção do Estado, observamos, de forma bastante evidente, o princípio da supremacia do interesse público sobre o particular, bem como a função social da propriedade. Nesse caso, mesmo a propriedade cumprindo sua função social, será possível a intervenção estatal, sempre que o interesse público assim indicar.

Mister comentar que, de igual forma, a intervenção estatal na propriedade é consequência do exercício do poder de polícia do Estado, podendo as intervenções ocorrerem de forma restritiva ou branda, caso em que a propriedade não é retirada do detentor do título de proprietário, assim como supressiva ou drástica, em que o Estado retira o título de proprietário para si.

16.2 Formas de intervenção do Estado na propriedade

16.2.1 Servidão administrativa

Com o objetivo de cumprir o fim público de servir à coletividade, a servidão administrativa se perfaz como direito real público que possibilita ao Estado, ou por seus delegatários, o uso de bens de propriedade de terceiros com o desiderato de atender o interesse público subjacente. Assemelha-se à servidão privada prevista no art. 1.378 do CC, porém, sua fundamentação se dá em razão do interesse público e sob regime jurídico de direito público.

O principal objeto das servidões administrativas são só bens imóveis, uma vez que pela legislação vigente sua incidência se dá sobre eles. O regramento normativo indica que os imóveis atingidos devem ser vizinhos, mas não necessariamente contíguos. Sua instituição se dá por meio de acordo, sentença judicial e usucapião, sendo controvertida a estipulação de servidão administrativa por meio de lei.

De bom alvitre registrar que as servidões têm o marco da perenidade, já que são justificadas pelo interesse público determinante, e não por questões subjetivas.

Embora tenham, em regra, o traço da perpetuidade, excepcionalmente serão extintas em razão de desaparecimento do bem gravado, incorporação do bem serviente ao patrimônio público, bem como de eventual desafetação do bem dominante.

Vale lembrar que eventual direito a indenização somente será devido com o efetivo dano pelo particular. O art. 10, parágrafo único, do Decreto-lei nº 3.365/1941 estabelece o prazo de cinco anos para o manejo da ação indenizatória, sob pena de prescrição.

16.2.2 Requisição administrativa

Galgado na expressão constitucional exposta na forma do art. 5º, XXV, da CF/1988, o estado poderá exercer seu poder de império, determinando a requisição administrativa sobre a propriedade particular em razão de relevante estado de necessidade de interesse público. Portanto, é prerrogativa do Poder Público a capacidade para requisitar bens e serviços, independentemente de processo administrativo. Ora, vale neste caso a autoexecutoriedade da medida, justificada por sua emergência.

O lapso temporal de vigência da medida de requisição administrativa deve perdurar o tempo em que se mantiver a urgência do caso. A CF/1988, art. 5°, XXV, ao disciplinar a requisição, assegura ao proprietário do bem requisitado uma indenização ulterior, se houver dano.

16.2.3 Ocupação temporária

Espécie moderada de intervenção, nela o Estado ocupa a propriedade privada por prazo determinado e em situação de normalidade. Tal modalidade interventiva tem o desiderato de viabilizar a execução de obra pública ou a prestação de serviços públicos, não havendo o que falar em perigo iminente.

O imóvel particular necessário para execução de obra pública ou para a prestação de serviços públicos é o objeto da ocupação temporária. Ressalte-se que a celeuma doutrinária acerca da possibilidade de ocupação temporária recai sobre bens móveis e serviços.

Embora a doutrina majoritária defenda a autoexecutoriedade da medida de ocupação temporária, alguns autores defendem a necessidade de edição prévia de decreto para permitir a medida ou mesmo uma imposição de decisão judicial, justificando esta tese na ausência de maior regulação legislativa e necessidade de segurança jurídica.

A ocupação temporária deve ser efetivada, em regra, por prazo determinado. Expirado o prazo da ocupação, cessa a intervenção. Caso não haja prazo prefixado, a ocupação cessará com a execução da obra ou do serviço que justificou a sua instituição.

16.2.4 Limitações administrativas

De maior incidência prática, as limitações administrativas são espécies de intervenção estatal impostas por meio de atos normativos que ensejam obrigações negativas e positivas aos titulares da propriedade. Por sua generalidade, incidem em sujeitos indeterminados.

As limitações administrativas decorrem do exercício do poder de polícia, de forma que incidem sobre propriedades e atividades privadas. As limitações administrativas são impostas por lei e por atos administrativos normativos. Por simetria, sua extinção decorre da revogação da legislação ou dos atos normativos.

Em regra, não há que se falar em direito de indenização, já que as limitações administrativas são marcadas pelos traços de abstração e generalidade, somente ensejando o dever de indenizar quando configurarem dano desproporcional ou desapropriação indireta.

Assim como os mecanismos de limitação retromencionados, a CF/1988, ao tratar da política urbana, contempla institutos apropriados próprios à sua efetividade. Além disso, a Lei nº 10.257/2001, conhecida como Estatuto da Cidade, engenha instrumentos de limitações administrativas, como parcelamento compulsório.

16.2.5 Tombamento

De grande incidência no plano histórico arquitetônico, cultural e urbanístico o tombamento caracteriza-se por ser uma intervenção estatal restritiva que tem por finalidade precípua a salvaguarda do patrimônio cultural. Conforme destaca o art. 216, § 1º, da CF/1988, "o Poder Público, com a colaboração da comunidade, promoverá e protegerá o patrimônio cultural brasileiro, por meio de inventários, registros, vigilância, tombamento e desapropriação, e de outras formas de acautelamento e preservação".

No plano infraconstitucional o art. 1º do Decreto-lei nº 25/1937 dispõe que o patrimônio histórico e artístico nacional é constituído pelo conjunto dos bens móveis e imóveis considerados relevantes para o interesse público, seja por sua vinculação a fatos memoráveis da história do Brasil, seja por seu excepcional valor arqueológico ou etnográfico, bibliográfico ou artístico.

O tombamento como mecanismo de proteção ao patrimônio cultural deve ser instituído por meio de processo administrativo. Considerando-se que implicará restrição ao uso pleno da propriedade, a oitiva do proprietário é ato que se revela de grande importância.

A doutrina discute a natureza jurídica do tombamento, ora indicando como espécie de servidão administrativa, ora como forma de intervenção restritiva na propriedade. A depender da incidência de restrição ao direito de propriedade, é possível o direito de indenização ao proprietário em virtude da instituição do tombamento sobre o bem.

A doutrina majoritária entende como concorrente a competência da União, dos Estados, do Distrito Federal e dos Municípios para legislar acerca de tombamento, a partir da interpretação do texto constitucional, considerando-se o art. 30, IX, da CF/1988.

O tombamento pode recair sobre bens imóveis e móveis, inclusive imaterial, e dividem-se em: tombamento de ofício, quando envolver bens públicos; tombamento voluntário, quando houver o consentimento do proprietário; tombamento compulsório, realizado contra a vontade do proprietário; tombamento provisório, natureza precária, antes de decisão judicial final, dentre outros.

Destaca-se que o art. 216, § 5°, da CF/1988 instituiu tombamento de "todos os documentos e os sítios detentores de reminiscências históricas dos antigos quilombos".

16.2.6 Desapropriação

Forma mais incisiva de intervenção estatal na propriedade, a desapropriação transfere compulsoriamente e de forma originária patrimônio alheio para o ente público. Pautado na supremacia do interesse público e respeitando o devido processo legal, a propriedade privada poderá sofrer desapropriação regular pelo Poder Público. A desapropriação tem fundamento no art. 5°, XXIV, da CF/1988 e poderá ensejar direito indenizatório.

Nos termos do art. 22, II, da CF/1988, compete privativamente à União legislar sobre desapropriação, muito embora todos os entes federativos possam exercer a atividade executória de desapropriar. É bem verdade que o art. 5°, XXIV, da Lei Maior consagra a desapropriação por utilidade pública, necessidade pública ou interesse social, outros atos normativos trazem disposições complementares.

A desapropriação por utilidade e necessidade pública está prevista no Decreto-lei nº 3.365/1941; já a desapropriação por interesse social é regulada pela Lei nº 4.132/1962. A desapropriação rural, para fins de reforma agrária, tem previsão na Lei nº 8.629/1993, e a desapropriação urbanística é regulada pela Lei nº 10.257/2001. Observe-se que esta última modalidade de desapropriação, com natureza sancionatória, possui caráter subsidiário, já que o art. 182, § 4º, da CF/1988 ordena sucessivas medidas que devem ser observadas pelo Poder Público para aplicação desse tipo de desapropriação, que tem o traço marcante do cumprimento da função social da propriedade.

O direito indenizatório deve ser apreciado na espécie, não obstante todo e qualquer bem ou direito que possua valoração econômica possa ser desapropriado, consoante o art. 2º do Decreto-lei nº 3.365/1941. Ressalte-se que a Súmula nº 476 do STF trata de desapropriação de valores mobiliários.

Na desapropriação, eminente sua natureza procedimental, o processo administrativo conduzido para tanto seguirá rito próprio, pelo qual o Poder Público declara formalmente a necessidade de desapropriação do bem, justificando o interesse público subjacente. Muitas vezes, finda-se no litígio judicial.

16.2.7 Jurisprudência dos tribunais superiores acerca do tema estudado

> Súmula nº 354, STJ: A invasão do imóvel é causa de suspensão do processo expropriatório para fins de reforma agrária.
>
> Súmula nº 141, STJ: Os honorários de advogado em desapropriação direta são calculados sobre a diferença entre a indenização e a oferta, corrigidas monetariamente.

Súmula nº 131, STJ: Nas ações de desapropriação incluem-se no cálculo da verba advocatícia as parcelas relativas aos juros compensatórios e moratórios, devidamente corrigidas.

Súmula nº 114, STJ: Os juros compensatórios, na desapropriação indireta, incidem a partir da ocupação, calculados sobre o valor da indenização, corrigido monetariamente.

Súmula nº 113, STJ: Os juros compensatórios, na desapropriação direta, incidem a partir da imissão na posse, calculados sobre o valor da indenização, corrigido monetariamente.

Súmula nº 102, STJ: A incidência dos juros moratórios sobre os compensatórios, nas ações expropriatórias, não constitui anatocismo vedado em lei.

Súmula nº 69, STJ: Na desapropriação direta, os juros compensatórios são devidos desde a antecipada imissão na posse e, na desapropriação indireta, a partir da efetiva ocupação do imóvel.

Súmula nº 67, STJ: Na desapropriação, cabe a atualização monetária, ainda que por mais de uma vez, independente do decurso de prazo superior a um ano entre o cálculo e o efetivo pagamento da indenização.

Súmula nº 56, STJ: Na desapropriação para instituir servidão administrativa são devidos os juros compensatórios pela limitação de uso da propriedade.

Súmula nº 652, STF: Não contraria a Constituição o art. 15, § 1º, do Dl. nº 3.365/1941 (Lei da Desapropriação por utilidade pública).

Súmula nº 617, STF: A base de cálculo dos honorários de advogado em desapropriação é a diferença entre a oferta e a indenização, corrigidas ambas monetariamente.

Súmula nº 561, STF: Em desapropriação, é devida a correção monetária até a data do efetivo pagamento da indenização, devendo proceder-se à atualização do cálculo, ainda que por mais de uma vez.

Súmula nº 476, STF: Desapropriadas as ações de uma sociedade, o Poder desapropriante, imitido na posse, pode exercer, desde logo, todos os direitos inerentes aos respectivos títulos.

Súmula nº 475, STF: A Lei nº 4.686, de 21.06.1965, tem aplicação imediata aos processos em curso, inclusive em grau de recurso extraordinário.

Súmula nº 416, STF: Pela demora no pagamento do preço da desapropriação não cabe indenização complementar além dos juros.

Súmula nº 378, STF: Na indenização por desapropriação incluem-se honorários do advogado do expropriado.

Súmula nº 164, STF: No processo de desapropriação, são devidos juros compensatórios desde a antecipada imissão de posse, ordenada pelo juiz, por motivo de urgência.

Súmula nº 23, STF: Verificados os pressupostos legais para o licenciamento da obra, não o impede a declaração de utilidade pública para desapropriação do imóvel, mas o valor da obra não se incluirá na indenização, quando a desapropriação for efetivada.

Referências

ALEXANDRINO, Marcelo; PAULO, Vicente. *Direito administrativo descomplicado*. São Paulo: Método, 2014.

CARVALHO FILHO, José dos Santos. *Manual de direito administrativo*. 26. ed. São Paulo: Atlas, 2013.

DI PIETRO, Maria Sylvia Zanella. *Direito administrativo*. 26. ed. São Paulo: Atlas, 2013.

MARINELA, Fernanda. *Direito administrativo*. 9. ed. São Paulo: Saraiva, 2015.

MEIRELLES, Hely Lopes. *Direito administrativo brasileiro*. 32. ed. São Paulo: Malheiros, 2007.

MEIRELLES, Hely Lopes. *Direito administrativo brasileiro*. 34. ed. São Paulo: Malheiros, 2008.

MELLO, Celso Antônio Bandeira de. *Curso de direito administrativo*. 26. ed. São Paulo: Malheiros, 2009.